定年前後の「やってはいけない」

人生100年時代の生き方、働き方

JN175431

郡山史郎

青春新書
INTELLIGENCE

はじめに／定年後うまくいく人、いかない人はどこが違うのか？

私は今年で83歳になる。いまも現役のビジネスマンとして、週に5日、都内の会社まで電車で通勤している。

年齢でいえば、立派な後期高齢者。周囲の人は「週休3日にしてはどうですか」と気づかってくれるが、一日の仕事を終え、深い達成感に満たされながら晩酌することが、なによりの日々の楽しみなのだ。そうして「90歳まで働く」ことを目標に仕事してきた。

とはいえ、「定年後」を過ぎた人間が働く場所を見つけるのは、容易なことではない。

日本の一般企業の定年は、現在60歳が主流となっている。私の場合は60歳で子会社に移り、65歳から「就職活動」をスタートさせた。

会社員時代はさまざまな経験をし、経営にも携わってきたから、すぐに次の仕事が見つかるのではないかと思っていた。しかし、現実はそんなに甘くない。ようやく自分を雇ってくれる会社と巡り会ったのは67歳のとき。そのときの苦い経験を活かし、今度は自分が仕事探しをしている人のサポートに回ろうと、今は人材紹介会社を経営している。

これまでに会った求職者の数は、定年前の転職希望者、定年後の再就職希望者を合わせ、3000人以上。そうしてたくさんの人を見ているうちに、定年後あっさり仕事が見つかる人と見つからない人、再就職できても毎日が充実している人とそうでない人の違いが、だんだんとわかるようになってきた。

・やりたい仕事、給与にこだわり、転職を繰り返す
・年金がもらえるまで、会社の雇用延長制度を利用する
・過去の人脈を頼りに、仕事を紹介してもらおうとする
・何かに役立てようと、資格・勉強に時間とお金を使う

このような、多くの人を見てきてわかった定年前後の「やってはいけない」ことを、仕事やお金、健康、人づきあいなど、さまざまな面からまとめたのが、本書である。

そもそも「定年」とは何だろう。

60歳になったとたん、誰もが仕事できない体になるわけではないのに、会社をやめなければならないというのは、考えてみればおかしな話だ。実際、欧米では定年がない国もある。

日本でも、定年延長や再雇用、あるいは定年の前倒しを導入している企業があり、すでに「60歳定年」が崩れはじめている。これから先、人口減が予測されているなかで、定年制度についても今後大きく変わっていく可能性があるのだ。

「定年後＝隠居」と考え、仕事せずに暮らしていくための「老後に必要なお金」を計算するよりも、少しでも働いて日々の生活費を稼ぎ、これから先の人生に楽しみを見出していくほうが、ずっと幸せになれる、というのが私の考えだ。

会社の制度としての定年はあっても、人生に定年はないのだから。

人生100時代を見据えた働き方、そして生き方のヒントとして、本書がみなさまのお役に立てば幸いである。

『定年前後の「やってはいけない」』 目次

第1章／「働かない老後」から「働く老後」へ

意外と長い「定年後」

第2章／定年前後の「やってはいけない」

人生後半戦のスタートにはコツがある

第3章

いますぐはじめる暮らしの見直し方

お金、健康、人づきあい…はこう変える

第4章／人生100年時代を生きるヒント

「定年後」の真実

本書に出てくる情報は、とくに断りがないものは２０１８年３月現在のものです。

編集協力／チームTOGENUKI
本文デザイン／青木佐和子

第1章／「働かない老後」から「働く老後」へ

意外と長い「定年後」

あの頃の定年退職

ある日曜日の夕方、孫と一緒にテレビで「ちびまる子ちゃん」を観ていたら、ふと気になったことがある。まる子のおじいさんは、あのような悠々自適の暮らしを何年ぐらい続けてきたのか、ということだった。

孫に尋ねても「知らない」というから、ネットで調べてみた。おじいさんの名前はさくら友蔵さん、年齢は76歳、年金生活者だということまではわかった。その年齢と穏やかな暮らしぶりから、仕事のほうはずいぶん前にリタイアしたのだろうと想像した。

友蔵さんのことが気になったのは、近頃「定年後」という言葉をよく見聞きするせいかもしれない。新聞を開けば、「第二の人生」「セカンドライフ」などのキーワードが目に入り、書店の売り場を歩けば、タイトルに「定年後」とついた書籍が積まれ、雑誌の棚には

「定年後にどう備えるか」「金持ち老後とビンボー老後」といった特集を組むビジネス誌や総合誌が並んでいる。試しに読んでみると、どちらかといえば暗い話題が多い。「下流老人」「老後破産」などの忌まわしい言葉が目を引き、いくつもの実例で〝定年後の悲劇〟が紹介されている。

知り合いの出版関係者によると、活字の世界ではこれまで何度か〝定年後ブーム〟というものがあったらしい。ビジネスマンが定年退職を意識しはじめるのが50歳前後だとして、前回のブームで何冊か本を買った人たちが会社を去った頃、下の世代にまたブームが起こるそうだ。だいたい8年ぐらいのサイクルという話だった。

出版業界にそういう循環があるとしても、私には今回の〝定年後ブーム〟が過去のものとはちょっと違うように思えてならない。雑誌の特集からもわかるように、これから定年を迎える人たちはその後の人生に強い危機感や不安感を抱いているように見える。

たとえば私が40歳だった1970年代半ばと比較したら、定年後の暮らしはまったく別ものになった。当時はちょうど60歳定年への移行期で、55歳で定年退職する人のほうがまだ多数派だった。

あの頃に定年を迎えた先輩たちは、戦後復興と高度経済成長期を支えたのだから、誰からも「お疲れさまでした」とねぎらいの言葉をかけられて当然だった。現在の55歳と比べたら、肉体的にも精神的にも20歳ぐらい年配に見えた。

長年勤めた会社を去る寂しさがある一方で、社会人としての役割を果たした安堵《あんど》感や「これから悠々自適の生活がはじまる」という楽しみも感じられた。年金生活に入るのだから、もうあくせく働かなくてもよい。上司の顔色をうかがうこともなければ、満員電車で人込みに押しつぶされるストレスもない。これからは趣味や読書に没頭し、たまに夫婦で旅行に出かけ、孫の面倒をみる……といった穏やかな余生が想像できた。「これからはゴルフ三昧だ」と張り切る人もいた。

当時は何より経済的に恵まれていた。高度経済成長は終わっていたとはいえ、右肩上がりの経済は依然として続き、現在よりはるかに成長率が高かった。経営が安定していたから、中小企業も含めて約9割の会社に退職給付制度があり、退職一時金は2000万円以上あった。大企業であれば3000万円以上も珍しくはなかった。それに毎月の年金がある。公的年金と企業年金を合わせれば、現役時代に受け取った月給の6割以上となって生活には困らなかった。

利子収入があったことも大きい。普通預金でも年利3％前後の時代だから、定期預金に退職金を預けておけば年１００万円前後の利子を受け取ることができた。大企業、中堅企業で55歳まで勤め上げれば、定年後の暮らし向きにほとんど心配はなかった。

１９７０年代半ばといえば、「ちびまる子ちゃん」の時代設定はちょうどその頃に当たる。さくら友蔵のような暮らしは、まさに〝悠々自適な老後〟の標準モデルだった。日常生活に支障がないぐらい健康で、古女房の奥さんも元気でいる。子ども夫婦、孫たちの三世代で同居し、毎月の年金があるから働かなくても生活に困らない。まる子におねだりされたら、何か買ってやるぐらいの余裕はある。あのゆったりと落ち着いた老後こそ、悠々自適と呼ばれるものだった。

当時から40年が経った現在も、友蔵と同じような年金暮らしの高齢者はたくさんいる。しかし10年先、20年先ではどうだろうか。その頃に定年を迎える世代で、友蔵タイプの悠々自適を実践する人はおそらく少数派に違いない。

大前提として、「定年退職したら働かない」というライフプランは成り立たなくなるだろう。現在でも中小企業で退職給付制度がある会社は7割ほどに減り、退職金の平均はこの15年間で１０００万円ほど減ったといわれる。昔ほど定年時点での蓄えはなく、そのうえ金利はほぼゼロ。

それでも退職金や厚生年金がある人たちは、経済的には恵まれている。いまや4割近くを占める非正規社員には、退職金や厚生年金とは無縁の人も多い。基礎年金だけなら、満額受給でも月6万5000円ほど。働かなければ暮らしていけない。

これからは、健康なら70代80代でも仕事に就くのが当たり前になる。〝90代で現役〟と聞いてもいまほど驚かない。100歳を過ぎて現役医師だった日野原重明さんが特別な存在に思えないほど、高齢者の働く姿はあちこちで見られるようになるだろう。

現在でも、65歳以上で働いている人は2割ほどいて、年々増え続けている。「定年を迎える＝働かなくなる」という認識はもう改めたほうがいい。

寿命は延びた。では定年は？

今後、65歳以上で働く人の割合はもっともっと増えていく。2015年に安倍晋三内閣が〝一億総活躍〟をスローガンに掲げる前から、日本社会がその方向に進むことは決まっていた。最大の理由は、もちろん日本人の寿命が延びたことにある。

私が生まれた1935年は、ゼロ歳児の平均余命は男性がおよそ47歳、女性がおよそ50歳だった。当時は若くして亡くなる人が多かったこともあるから、統計上はそのような数字になる。ただ実感としても、私が若い頃は漠然と人生は50年から60年だろうと考えていた。70歳の古稀《こき》を迎えた親戚がいれば「長寿だ」とお祝いしていた。

現在、日本の平均寿命は男性が80歳を超え、女性は87歳を超えている。日本がこれほどの長寿大国になるとは、私たちが若い頃には誰も想定していなかった。

現在50歳前後の世代でも、子どもの頃は自分の寿命は70代で尽きると想像したのではないだろうか。さくら友蔵とちょうど同年代。そこから15年も20年も先まで生きるとは想像しにくかった。

もちろん、長生きはとてもいいことだと私は考えている。年齢を重ねるほど人生経験は豊かになり、これまで見えなかったものが見えてくる。80歳を超えると、70歳のときには知らなかった世界を体験する。10歳でここまで違うとは、40代の頃には想像もできなかったことだ。私の父は90歳まで生きたから、いまの私より多くのことを体験したに違いない。

100歳を超えた人にお会いすると、不思議なほどみんな幸せそうに見える。体が思うように動かなくなったり、病気があちこちに出てきたりと、多少は周囲の人の手を煩わせてしまうことがあるにせよ、やはり長生きはいいことだ。

ただし、長生きには十分な準備が必要となる。この準備を怠ると「老後破産」「下流老人」といった事態に見舞われる。超高齢社会になるにしたがって、それがだんだん明らかになってきた。

もはや「会社」には頼れない!?

55歳定年の時代は、そこから15年ほど余生を楽しみ、70代で天寿をまっとうするというライフプランが成り立っていた。終身雇用と年功序列の時代は、定年までの数年間に給与がうなぎのぼりになり、最後にドンと退職金を受け取る仕組みだった。若い頃は賃金が安くても、定年まで働けば戻ってくるという意識で働いていた。

そのおかげで定年後の心配はあまりなく、子どもの数、孫の数が多かったから孤独感を味わう人も少なかった。いよいよ困れば、面倒をみてくれる家族や親類が近くにいて、社会保障が不十分だった分をみんなで負担していた。それも、とりあえず70代までの15年から20年で考えていればよかった。

現在は、企業の賃金制度が当時とはまるで違う。バブル崩壊とともに右肩上がりの経済は過去のものとなり、終身雇用と年功序列が維持できなくなった。リストラが日常的に起こり、成果主義や役職定年制の導入によって定年に近づくほど収入は減る傾向にある。大企業でさえ、かつてほど安泰ではなくなった。日本の代表的な企業が経営破綻に至ると、30年前に誰が想像できただろうか。定年まで無事に勤め上げても、その後に経営が破綻したら、本来受け取るはずだった企業年金が満足に支払われない可能性もある。いまや企業はまったくあてにできない。

60歳で定年を迎えたら、そこから30年以上は生きられるように準備する必要がある。真っ先に考えるのはお金のことだろう。雑誌の特集などでは「定年後に必要な資金は1億円！」と強調されている。

総務省統計局が取りまとめている「家計調査」や、金融広報中央委員会がおこなっている「家計の金融行動に関する世論調査」といった統計資料をもとに試算すると、夫も妻も無職の60代夫婦が2人で暮らす場合、毎月の標準的な生活費は27万円前後になるそうだ。それが60歳から90歳までの30年間続けば、合計で９７００万円ほどになる。ただし、これはあくまで支出だけの合計だから、そのあいだに得られる収入は計算に入っていない。もちろん、定年時に1億円の蓄えが必要という意味でもない。

定年後の収入といえば、これまでは基礎年金、厚生年金、企業年金がほぼすべてだった。厚生労働省のモデル世帯では、公的年金は毎月22万円ほど受け取ることになっている。30

年間の合計はおよそ８０００万円と、１億円には２０００万円ほど足りない。

大企業に勤めていれば、退職金と企業年金、それから定年前の蓄えで、２０００万円ぐらいのマイナス分は余裕で埋められるだろう。ところが、非正規社員やフリーターになると基礎年金しか受け取れない人たちもいる。たとえ夫婦２人だとしても年金の合計は13万円前後。毎月14万円ほど不足する。30年間の合計では５０００万円ほど不足するから、それだけの蓄えが必要だということになる。

このように経済的な視点では、長寿はリスクとなってしまう。そこだけが強調されて、長寿の素晴らしさが忘れられてしまうのは面白くない。

しかも年金の支給開始年齢は65歳に引き上げられ、社会保障などの制度上は65歳以上が「高齢者」となった。政府が旗を振って、64歳までの雇用延長が義務化されたとはいえ、大多数の企業は60歳定年制を維持している。

現在はそのような過渡期であり、構造変化に社会の仕組みが追いついていない。労働組合が強い時代であれば、退職給付をはじめとして社内制度の見直しが要求されたに違いない。しかし現在の労働組合は、企業が戦後最高水準の業績であっても賃上げを要求できない。21世紀に入って日本社会に起きた異変の１つは、この〝団結〟がすっかり失われたことだと私は考えている。団結によって状況を変えられないとすれば、個人がそれぞれ自立して環境に適応していくほかはない。退職金や年金に頼ることができないとなれば、もはや働き続けて自分の手で稼ぐしかないだろう。

「働きたくても働けない」定年後の現状

一方で、定年後の就職先探しが大変なことは、私自身が経験しているからよくわかる。

私は50歳でソニーの取締役に就任し、60歳で子会社の社長となった。その後に同社の会長、ソニーの顧問を経て、退職したのは役員定年の70歳。しかしソニーの常務取締役でなくなった60歳のときに、自分は再就職市場に売り出されたつもりでいた。実際は、65歳を過ぎた頃から就職活動をスタートした。

私は海外営業やマーケティングの畑を歩んできたから、商品の売り込みは得意にしている。就職活動は自分という商品を売り込むのだから、セールスやマーケティングに近い。50代の頃にはヘッドハンティングの誘いをたくさん受けたこともある。元ソニー取締役であり、子会社では社長、会長の経験もある。相当にバリューは高いと思っていた。

しかし以前から知っている人材紹介会社の社長に頼んでみると、60代半ばを過ぎたビジネスマンの求人はゼロ。しつこく足を運んだら、そのうち社長が居留守を使うようになった。このときはじめて自分の市場価値を思い知らされた。

２００2年にようやく見つけた再就職先が、のちに一部上場企業となったクリーク・アンド・リバー社だった。当時はテレビ局などの映像産業に専門職を派遣する会社で、創業者の井川幸広氏とは以前からの知り合いだった。私はこのとき「給与も仕事内容も大学新卒と同じ扱いにしてもらいたい」と自分から申し出て、67歳で4月の入社式（厳密にいうと入社式はおこなわれず、新入社員が全社員を前に決意表明をする集会だったが）にも参加した。

私が望んだ「定年後の再就職では新卒と同じ扱いになる」仕組みのことを、自分では「定年退職者新卒制度」と称していた。しかし結局は、新入社員のように働くことが難しく、子会社の経営や本社の監査役を任されるようになった。

そのように70歳近くになって再就職で苦労した経験が、自分で人材紹介会社を立ち上げる大きなきっかけになった。ＣＥＡＦＯＭ設立は２００4年で、私が69歳のときだった。創業からの14年間で、私は３０００人以上の転職、再就職希望者と面談してきた。世代でいえば50代が最も多く、その次は40代だった。

40代、50代の人と面談すると、定年後の準備ができていないとよく思う。60歳までのキャリアプランはあっても、その先の人生についてちゃんと考えている人は少ない。

むしろ、20代、30代のほうが社会の現実をしっかり捉えていると感じることがしばしばある。若い人たちは、自分の生涯が90年以上に及ぶ可能性があることを理解している。企業があてにならないことも、もはや団結できないことも知っている。

その意味で最も心配なのは、さくら友蔵モデルが頭にある50代だろう。とくに伝統的な大企業で育った人ほど、古い価値観を引きずっている恐れがある。

人生には「後半戦」があった！

私は前著に『九十歳まで働く！』というタイトルをつけた。これは私自身が90歳まで現役を貫くと宣言すると同時に、これからの日本社会は90歳まで現役が当たり前になるぞと予言したつもりもある。

90歳まで現役だとしたら、そこには前半戦と後半戦がイメージできる。サッカーの試合が90分だから、それにたとえると前半の45分、後半の45分に分けられる。だから、人生を45歳あたりでいったん区切って考えてみるとわかりやすい。

これは90年間を二分割しただけではない。人間はこの世に生まれ落ちた瞬間から、長い年月をかけてさまざまな能力を身につけていく。しかしそれは45歳前後でピークを迎えるという説がある。私はこの考え方に経験的にも納得している。

45歳を過ぎると、新しい能力はほとんど身につかない。だから再就職支援の一環で、50歳を過ぎた人に新しいスキルを習得させるのは間違いだと私は考えている。その代わりに、いまある能力を磨いたり熟成させたりはできる。しかしそれもいずれ衰えてくるから、若い頃のように活躍することが難しくなる。

つまり、人生の前半戦と後半戦は、戦い方がまるで違う。そのことを強く認識しなくてはいけない。前半戦の価値観を引きずっていると、後半戦で思わぬ落とし穴にはまることになりかねない。

本書では以降、前半戦を第１ハーフ、後半戦を第２ハーフと呼ぶことにしよう。第１ハーフというのは、わりあい画一的な人生を歩むと考えていい。みんな同じ年齢で小学校、中学校、高校へと進み、ビジネス人生もまずは一括採用でスタートする。親や先生、上司や先輩によって敷かれたレールの上を走る場面が多い。第１ハーフが終わる頃にようやく出世に差がついてきて、会社の役員になれるかどうかの評価が気になり出す。義務や責任が大きくなり、成果を問われるから精いっぱいプレーすることが重要になる。

それに対して、第2ハーフは画一的ではなく、コンディションは千差万別といってよい。知力、体力、健康状態、経済状況、プライベートなどの条件が異なり、そもそも競争の概念が当てはまらない。誰もレールを敷いてくれないから、自分で計画を立て、実行していくことになる。

人生50年の時代は、第1ハーフでほぼ寿命が尽きて、第2ハーフは存在しなかった。そのため、古い価値観を引きずっている人は、第1ハーフの延長だと考えがちだ。

経験的にいっても、第1ハーフで抜群に活躍した人が、第2ハーフでも成功するとは限らない。むしろ、第1ハーフではハットトリックを達成したのに、それで燃え尽きたのか、第2ハーフに入ったとたんに存在感がなくなる人もいる。ハーフタイムで戦い方をチェンジできなかったのだろう。

だから、定年退職に向けての準備は45歳前後ではじめるといい。詳しい中身についてでは次章以降で解説していく。

そのように、本来は45歳でハーフタイムとしたほうが能力の状況に適している。しかし企業では現在60歳の定年で区切りをつけ、今後は65歳、70歳へと延長されようとしている。

私にいわせると、それではますます第1ハーフと第2ハーフの境目が見分けにくい状況になるからあまりいいことではない。極論すれば、45歳でビジネスマン生活はいったん終わりにするぐらいの気持ちで、大胆に意識を切り替えたほうがいい。

人生は後半戦のほうが、ずっと楽しい

自分のビジネス人生を振り返ると、私は第1ハーフでかなり大きな仕事を経験させてもらった。大学卒業後に伊藤忠商事に入り、すぐソニーに転職し、アメリカの現地法人で長らく働いたあと、そのまま米国企業のシンガーに転職した。

盛田昭夫さんに呼び戻されてソニーに再就職したのが46歳。そこで第2ハーフがスタートしたと考えていいだろう。その後は先ほどご紹介した通り、ソニーの取締役、子会社の社長などを経て、70歳の手前で起業した。

振り返ってみると、現在まで続いている第2ハーフのほうが圧倒的に面白い。確かにバブル期のソニーは華やかで、ハリウッド女優たちが集まるような場に出ることもあった。ただ、それはものすごく神経をつかう仕事であって、楽しいと呼べるものではない。どれだけ大きなビジネスであっても同じことで、むしろ疲れることのほうが多い。

第2ハーフは、何より気楽であることが大きい。家庭人としては、住宅ローンを払い終え、子どもが大きくなって、義務感や責任感から少し解放される。仕事で失敗しても、若い頃のように上司からガミガミ叱られることはない。年齢が年齢だから、周囲も大目に見てくれる。

第1ハーフの特徴をひと言であらわすなら「競争社会」だろう。学生時代は勉強やスポーツで競争し、就職活動では内定企業のランクでほかの学生と競争し、働きはじめたら業績で競争して出世の早さで競争する。

ところが、第2ハーフに入ると、その競争意識がだんだん薄れてくる。健康状態や家庭環境などの諸条件が大きく違えば、そもそも競争関係にならない。むしろ、お互いの不足を補い合うような「共存社会」と呼べるのが第2ハーフだろう。

「競争社会」から「共存社会」へ意識を切り替え、元気なうちは働き続ける。そういう第2ハーフが実践できれば、健康にもつながり、経済的な不安も解消されるだろう。

それでは次章から、よりよい定年後を過ごすために必要な準備や、再就職活動の際の要点、暮らしぶりや考え方の見直しなど、具体的な解説を進めていこう。

第2章／定年前後の「やってはいけない」

人生後半戦のスタートにはコツがある

定年後、すぐ仕事が見つかる人、見つからない人

私は人材紹介会社を経営しながら、定年後に仕事を探す人たちとも数多く接してきた。彼らのなかには、すぐに新しい仕事が見つかる人もいれば、なかなか再就職の口にありつけない人もいる。再就職活動の結果が、人によってはっきりと分かれるのだ。

定年後に仕事が見つかる人と、見つからない人。そこにはどんな違いがあるのだろうか。私が見たところ、定年を迎えた時点で自分の職業人生を一度リセットし、改めてキャリアの再スタートを切れる人は比較的早く再就職の口が見つかる傾向が強い。逆にいえば、いつまでも定年前の地位や収入、仕事の内容にこだわってしまう人は仕事探しに苦労する。

それを証明するよい例があるので紹介しよう。AさんとBさんという定年を迎えた2人の男性の職探しの話だ。

ほぼ同じ時期に、私は2人から再就職の相談を受けた。結果からいうと、Aさんはすぐに新しい就職先が見つかり、Bさんは懸命に探すものの再就職先が決まらず、そのまま時が過ぎた。

AさんとBさんはどちらも定年まで準大手の機械メーカーで技術部長として働いていた。私には両人の能力に大きな違いがあるとは思えなかった。中国にある工場で勤務した経験も共通している。聞けば2人の定年直前の年収は1200万円程度だった。人材的にはほぼ同じようなスペックの2人だ。

先に私のところに相談に来たのはBさんだった。ちょうどその頃、ある中小企業の社長から「いままで自社製造の機械を国内だけで売っていたが、最近中国に輸出するようになった。だが、うちには中国市場に強い人材がいない。定年退職した人でいいので、経験豊富な人がいないだろうか」という相談を受けていた。ただし定年退職者に払える給与は「顧問料」という名目で月に20万円だという。

20万円という額は、現役のビジネスマンからすれば「安すぎる」と思うかもしれない。だが、私の会社にある求人募集のリストを一覧すると、定年後の再就職で設定される〝初任給〟は15万～20万円が一般的な相場である。その代わり「毎日出社しなくてもよい」

「時短勤務で構わない」といった時間拘束の緩い条件になっているケースが多い。

私はさっそく、Ｂさんにこの中小企業の仕事を紹介したのだが、Ｂさんは月額20万円という給与に納得がいかないという表情を見せた。

「自分は◯◯（以前の勤務先）で技術部長として60人の技術者を率いていたのですよ。中国のビジネス事情もよくわかっています。それなのに、いくらなんでも20万円はないでしょう。せめて月に50万円くらいはもらいたいものです」

世間的な知名度もある大きな会社の看板を背負って、年に１２００万円ほどもらっていたＢさん。そのプライドが許さない様子だった。加えて家計的にも月収20万円では厳しかったのだろう。２人の子どもはすでに独立しているといっていたが、住宅ローンがあと5年残っているので、せめて月収50万円は欲しいとの話だった。

Ｂさんが渋い顔をするので、私は「それでは、もう少しいい条件の会社が見つかったらご連絡します」といって、帰ってもらった。

「こだわり」は少ないほうがいい

Ｂさんが中小企業の顧問の口を断ってからほどなくして、Ａさんが私の会社を訪ねて来た。Aさんにも同じ求人の話をしてみたところ、「ぜひ働いてみたいです。よろしくお願いします」と即断したのだ。

あまりにあっさりと了承したので、私のほうが心配になって、「月給は20万円で、いままでの収入からかなり減りますが大丈夫ですか?」と尋ねてみた。

「子ども2人も巣立ちましたし、家のローンもすでに払い終えました。そんなにたくさんのお金は必要としていません。何より自分の経験や技術がまだ必要とされていること、そしてそれを活かせる場を与えていただけることが嬉しいのです」

Aさんは迷いのない表情でそう答えた。新天地にためらうことなく飛び込み、まっさらな気持ちで働こうとする強い意欲がある。さらに、いままでのポジションや収入にまったくこだわりがない。こういう人はすぐに再就職先が決まるものだ。Bさんとは違って、住宅ローンが残っていなかったことも幸運であった。

Aさんをあの中小企業の社長に紹介したところ「技術の知識も豊富だし、中国でのビジネスを経験されているから心強い。うちのような中小企業には得難い人材ですよ」と非常に喜んでくれた。

Aさんは再就職したあとも、ときどき近況報告がてら私のオフィスに遊びに来てくれている。Ａさんは社長の困りごとに対して、どんなことでも積極的に取り組むようにしてきたという。たとえば、機械を輸出する際に製品に添付する中国語版の技術カタログがなかったので自ら製作したとか、新しく契約した中国の代理店から社長が来訪したときに通訳を務めたとか、Ａさんは楽しそうに自分の活躍ぶりを話してくれた。

Ａさんは単なるアドバイザー役としての顧問にとどまることなく、その会社にそれまでいなかった、新しい能力を持った人材として社長の期待以上に実務をこなしていった。さらに、自分の知見をほかの社員にも積極的に伝授していった。そうして「会社に欠かすことのできない人材」という評価を勝ち取ったのである。

私は、高い実務能力を持つ一方、ほかの社員に指導もできるＡさんのような人材を「実務コンサルタント」と呼んでいる。定年後の再就職先で、経営者から実力のある実務コンサルタントと認められれば、社長や社員から何かと頼りにされ、それが一層やる気につながっていく。

「私は定年まで勤めた会社で、子会社の社長も経験しています。そのときは本社にどんなに提案を上げても、ほとんど無視されていました。いまの会社の社長からは常に意見を求められ、私の提案が採用されることもかなり多いので、よりこの会社のために貢献しなくてはいけないという気持ちが強くなります。本当にいいところに再就職できたと喜んでいますよ」

仕事への充実感があふれるAさんは、数年経ったいま、〝初任給〟の20万円よりはるかに高い額を稼ぐようになっている。

再就職から1年経ったとき、その中小企業の社長から「あなたは中国の会社とのテレビ会議や、重要な契約を結ぶときだけ出社していただく形でも構いませんよ」といわれ、給料は据え置きのまま、それまでの週3日から週1日程度に勤務日が減ったそうだ。

Aさんは余った時間を使って、ほかの中小企業でも「中国に強い技術顧問」を必要としていないか調べてみた。中小企業には共通する課題が多いようで、さほど時を置かず、Aさんを必要としている中小企業がほかにも見つかった。いまでは最初の会社を含めて4社と顧問契約し、1社ごとに月額20万円の顧問契約を結んでいる。4社の給与を合わせると月80万円になる。定年前のようにボーナスこそないが、月収にすれば現役時代に匹敵する額を稼ぎ出している。

定年前と同じ感覚で定年後の職探しをすると初任給の安さに驚き、納得できないこともあるだろう。しかし、Aさんのように顧問先を増やしながら収入を上げることは可能だ。

自分の知識・技能を存分に活かし、それが再就職先の社長に喜ばれ、尊敬される。そのうえ、収入を上げていくことができるのであれば、これほど幸せな定年後はない。

さて、一方のBさんだが、私の人材紹介会社のほかにも、いくつかの人材紹介会社に登録し、精力的に再就職先を探していた。私のところにも「いい仕事はありませんか」と何度もメールで問い合わせてきた。しかし希望する月収50万円の仕事はなかなか見つからない。

Bさんは再就職の口が見つからないまま3カ月が過ぎると、「月収40万円でも構いませんから探してください」といってきた。しかし月収40万円も定年後の仕事では得るのが難しい金額だ。それから3カ月後には「月収30万円でもいい」、さらに3カ月が過ぎると「最初の20万円の仕事はもうありませんか」と条件を下げてきた。ようやく「定年後の月収は一般的に20万円程度」という現実に気がついたのだろう。

定年後の仕事探しは、退職から時が経てば経つほど見つからなくなる。求人側の会社は即戦力を求めているので、職場から離れる時間が長くなると「ブランクがあって果たして戦力になるだろうか」と考えるのだ。Bさんは最終的に「月収15万円でも構いません」というようになったが、その金額でも仕事は決まらなかった。
結局、Bさんは次第に再就職活動への意欲を失っていき、定年後の仕事を探しはじめてから2年目の途中で再就職をすっかりあきらめてしまった。残った住宅ローンは退職金をあてたということだ。

最初に好待遇を望み、それが叶わないとわかると少しずつ条件を下げていくような方法は、無駄に仕事のブランクを長引かせるだけで得策ではない。ブランクが長期にわたれば、それだけ人材としての市場価値が落ちてしまう。

定年前はほとんど同じポジションや収入で、同程度のスペックを持っていたAさんとBさんだが、定年後は大きく道が違ってしまった。もしもBさんが私の紹介した中小企業の仕事を快諾していたら、充実した定年後の日々を過ごしていたのかもしれない。

AさんとBさんのケースが教えてくれるのは、定年後の再就職は、それまでの地位や収入、仕事の内容ときっぱりと決別しなければよい結果は生まれないということだ。

定年を迎えたら、もう一度新入社員になったつもりで、待遇にあまりこだわらず、何でもチャレンジしてみるのがいいだろう。新卒社員の初任給が20万円程度だと考えれば納得がいくはずだ。新卒社員の給与には、彼らが学生時代に得た経験や知識などまったく加味されない。それと同じように、定年退職者にはそれまでの役職や知識・経験は給料にプラスされないと心得るべきである。

「私は〝第三新卒〟だからゼロから挑戦する」くらいの気持ちで新しい勤め先を探すのが、定年後の職探しでは適切な態度だといえるだろう。

定年前の肩書き、年収にとらわれる不幸

定年後の職探しでは、前項のAさんのように「定年前のポジションや年収にはこだわらない」と頭を切り替えられる人のほうが、間違いなくスムーズに仕事が見つかる。とはいうものの、実際はBさんのようになかなか割り切ることができない人も多い。

私の経営する人材紹介会社には、実にさまざまなキャリアの方が再就職の相談に訪れる。前職における会社の規模、役職、年収なども多種多様だ。そして、いろいろな人を見ていて思うのだが、大企業にいて定年前のポジションや年収が高かった人ほど、頭の切り替えができない傾向が強いようなのだ。

ポジションや年収が高いというと、その筆頭は社長である。大企業で社長を務めたような人の場合、会社を離れたあとには講演に招かれたり、大学の教員として招聘《しょうへい》されたり、

法人や団体の顧問といった名誉職に就いたりすることが少なくない。大学の先生や、いくつかの団体の名誉職を掛け持ちしたりすれば、それなりに忙しいものだ。また、大ナタを振るい企業再生を成功させたような辣腕《らつわん》社長ならば、退職後には〝プロ経営者〟としてほかの企業から経営陣への参画をオファーされたりもするだろう。

私の経験上、頭の切り替えができずになかなか再就職できないのは、大企業の部長や、大企業から出向して子会社の社長を務めていたような人である。子会社の社長は「社長」といっても、会社の実質的な経営権は親会社に握られているので、経営のエキスパートとはいいがたい。親会社の社長のように会社を離れたあとは講演活動をおこなったり、経営のプロとしてほかの企業の経営に関与したりすることも難しい。

彼らは定年間近になって、ようやく再就職の相談にやってくる。そして、「いまの年収2000万円からうんと条件を下げてもいい。1000万円くらいでも構わない」などとそろって口にする。本人としては大幅に譲歩したつもりなのだろうが、それでもまだ自分の要求が高すぎるということに気づいていない。

そうした、大企業の元部長、子会社の元社長だった人からの「年収1000万円で管理職をやりたい」といった希望は実に多いのだが、現実を踏まえると「そのような求人は減多に見つかりません」と申し上げるしかないのである。

もちろん、定年後の再就職で1000万円以上の年収をもらっている人もいる。私の会社にも、たまにこのような求人が舞い込んでくることがある。たとえば「いままで活躍してくれていた技術部長が病気になってしまったので、大至急、人材を補充しなければならない」といったケースだ。しかし、このような話は千に1つである。巡り合えるかどうかは「運」でしかない。そんな求人を待っていても、時間を無駄にするだけだ。

定年後になかなか頭が切り替えられない人が抱えている大きな問題の1つは、定年前の高い年収にこだわってしまうことだ。

人事院が発表している「職種別民間給与実態調査」の平成29年版によれば、企業規模500人以上の会社に勤める技術部長の平成29年4月分平均支給額は72万8327円、事務部長は同じく73万6363円だった。この数字に12をかけると、おおよその年収が見えてくる。前者は約874万円、後者は約884万円だ。同調査には、ボーナスの支給状況が平均4・42カ月とあるので、いわゆる大企業に勤める技術部長、事務部長の年収は1200万円台と考えてよいだろう。

彼らはもともとの年収が高すぎるがゆえに、年収200万～400万円での再就職を提案しても「ありえない。それまでの生活とギャップがありすぎる」と、なかなか受け入れてくれない。

加えて、高給をもらっていた人はとかく「自分には能力がある」「自分は人材として価値が高い」と錯覚してしまっている。それも頭の切り替えができないことに拍車をかける。ビジネスマンの場合、会社はそのポジションに給料を払っていたのであって、その人に払っていたわけではない。「俺は社長だった」「私は部長だった」といっても、それはその組織のなかだけの単なる役割分担に過ぎない。会社を運営するうえで、役員や部長が〝機能〟として必要だから人材を配していただけのこと。会社から離れてしまえば、その人の価値はいったんゼロに戻ってしまうと心得るべきである。

極端なことをいえば、そのポジションは誰がやってもよかったのだ。現実を直視してみると、自分がやめても次の誰かがそのポジションを務め、会社は以前と変わりなくまわり続けていることがわかる。

大企業の部長や子会社の社長が再就職しにくい理由は、頭の切り替えができずに高い待遇を求めてしまうことだけにとどまらない。そもそもほかの企業が求めるレベルにその人のスキルや能力が達していない、というケースも非常に多いのだ。

これは部長クラスよりも大企業の役員、子会社の社長に多いのだが、「秘書がいなければ何もできない」という人がいる。私の会社にもそのような社長が相談に来たことがあった。自分１人ではスケジュール管理もできず、エクセルやパワーポイントも使いこなせないという。「じゃあ、何ができますか？」と聞いたところ「社長ができます」と答えた。笑うに笑えない話である。

偉いけれど現場では「使えない」!?

恥ずかしながら告白すると、実は私も「秘書がいなければ何もできない」役員の１人だった。

私は若いときにソニーで役員となり、ずっと秘書がついていた。オフィスには毎日運転手付きの車で通勤していた。そして、ソニーを離れて再就職先に移ったとき、自分が何にもできないことにようやく気づいた。もう何十年も自分で定期券を買ったことがなかったし、コピー機に紙を入れることすらできなかった。またソニー時代、パソコン黎明《れいめい》期に事業責任者を任され大赤字を出した過去があり、すっかりパソコン嫌いになってしまっていた。

しかし、新しい職場では秘書もおらず、パソコンが使えないと自分のスケジュールや会社の命令・通達すら把握できない。大手電機メーカー出身でパソコンが苦手ともいえず、できるふりをしながら必死にパソコンの操作方法を習得したものだ。

何もできない子会社社長や役員が再就職しにくいのは当然として、それでは、パソコンはもちろんのこと専門スキルも持っている技術部長クラスならどうだろうか。

私のオフィスにも「1000万円くらいの年俸で技術開発する仕事はありませんか」と相談に来る人はたくさんいる。しかし、60歳を過ぎてから技術開発ができるといっている人は、現実認識が甘いことが多い。

前職では実際のところ、統括的な立場から外注管理、進行管理をやっていただけなのだ。社外の会社や工場を選定して発注し、スケジュールを管理していたといえば聞こえはいいが、結局は部下の上げてきた提案を確認し、決裁をしていたに過ぎない。「あれもつくった」「これも開発した」と本人は豪語するものの、実際、自分では何もつくっていないし、新たにつくることもできない。

昨今、企業が採用したいのは「自分で新たに何かをつくることができる人」だ。そうした現実を、なかなか理解していただけないのである。

このように定年後の求職活動では、定年前のポジションや年収だけでなく、実績や経験も売り物にならない。

つまりは新入社員と同じである。だから、定年後の仕事をスムーズに見つけたいのであれば、履歴書の希望年収のところに思い切って現役時代の10分の1の数字を書いておこう。勇気がなければ「200万～2000万円」と希望年収額に大きく幅を持たせておくといい。幅がありすぎておかしいと思うかもしれないが、これだけで企業からの求人話はより多くもたらされるようになる。思い切って200万と書き足すことの効果は大きい。

そのうえで「いまの社会人に求められるデジタルツールの使いこなしなど、基本的なことは何でも1人でできます」「営業もできます」「技術開発もできます」「経理もできます」「何でもできます」とアピールする。

また、雇用条件も正社員にこだわらず、「契約社員でもいい」「時給制でも何でもいい」という柔軟さを見せることが大事だ。

企業からの採用話がもたらされたとしても、必ず受け入れなくてはならないわけではない。複数の会社からのアプローチがあれば、よりよいほうを選ぶこともできる。仕事を探すのは難しいが、断るのは簡単だ。そうした再就職活動をサポートするために、我々のような人材紹介会社がある。

定年前に高給取りだった人には大きな決断になるかもしれないが、頭をすっぱりと切り替え、新卒の就活生になったつもりで仕事を探そう。再就職しなければ収入はずっとゼロのままなのだから。

「能力」ではなく「適性」がなくなった

「いままで私は大手企業の部長でした」「子会社で社長をしていました」と経歴を述べたあと、「そういうわけで、中小企業の社長のポストはありませんか」といった相談を持ちかけてくる人が非常に多いことは、すでに書いた通りだ。

当社に人材登録している方は1万人ほどいて、過去に社長経験がある人も200人ほど存在する。実際に社長を経験した人たちに加えて、「社長になったことはないが、自分なら中小企業程度であれば社長が務まるはず」と自信を持つ人、あるいは素朴に「社長をやってみたい」と希望する人を合わせると、間違いなく1000人は超えている。

しかし転職や再就職で、社長や役員といった幹部ポストに就ける人は1000人のうち1人程度に過ぎない。過去に社長として辣腕を振るった人であろうと、ほかの会社で経営に携われるポストに就けるとは限らない。基本的には「就けない」と考えておくほうがいいだろう。

私が面談する「社長ができる」「社長をやりたい」という人たちの大半は、頭脳明晰《めいせき》で外国語のスキルも高く、グローバルな経験をお持ちだ。加えて、モチベーションは年齢を感じさせないほど満ちあふれており、20代、30代の若い人たちを凌駕《りょうが》するのではないかと思うほど意欲的でもある。それでも、望むような仕事はなかなか見つからない。

しかしこれは、「能力」がなくなったことを示しているわけではない。「適性」がなくなったのだ。この適性とは、求人側の要望に合わないということ。要するに、マッチングの問題である。

求人市場において、最近、該当する人材を見つけるのが難しそうなケースが増えている。一例を出すなら「お神輿《みこし》をイチからつくれる製造部長を求める」「仏壇づくりに実務レベルで精通した人材を製造部長として迎えたい」といった求人だ。

当社の強みは、ほかの人材紹介会社と比べて高い能力と多様な経験を持つ人材を膨大にストックしていることだ。それでも、お神輿や仏壇をつくることができる製造部長ともなると「本当に条件に合う人が見つかるのか」と半ば降参ぎみにならざるを得ない。ニッチすぎて、人探しに困難を極める求人条件は決して少なくない。そうした場合のマッチングは、まるで難しいジグソーパズルの数千ピースのなかからたった1ピースを探すような作業になる。

私が人材紹介会社を設立した12年前は、これほど条件は厳しくなかった。

たとえば、ある大きな家電メーカーが私のところに「中東の総責任者にふさわしい40代の人がいないか」と問い合わせてきたことがあった。求職者のリストのなかに自動車部品メーカーの社員で、中東をまとめられそうな人材がいた。ただし家電を売ったことはないし、年齢も56歳で「40代」という先方の条件から外れていた。しかし、家電メーカーにその人を紹介すると「家電を売った経験がなくても構いません。ロンドン支店で1年間、中東のマネジメントについて学んでもらいます。年齢も問題ないです」とすぐに話がまとまった。

ところが近年の求人市場では年齢制限がかなり厳格になり、専門的な知識や経験がとても重視されるようになった。「ある程度の能力の人を採用し、働いてもらいながら業務に慣れてもらおう」といった余裕を見せる会社は、今日ほとんど存在しない。明日から出社してもらい、すぐに社長や部長の仕事をこなすことができる「超・即戦力」が求められているのだ。先ほどの自動車部品会社の人も、いまなら簡単に転職できなかっただろう。

幸運なマッチングは何百分の1

とはいえ、そうした現況を別の角度から見れば、求人条件にピタリと当てはまりさえすれば、好待遇で迎えられる可能性が高いともいえる。

私の会社に寄せられた求人案件のなかに「中国語がネイティブレベルで話せて、○○という商品の営業ができる55歳以下の人材」というものがあった。

当社の登録者にも中国語のできる人はたくさんいる。しかし、この商品はかなり特殊な機能に特化したシステムなのである。それを専門家レベルで理解し、中国でしっかりと提案営業ができる人となると、そう簡単にマッチングするものではない。私は正直、何年探してもその条件にマッチする人材は見つからないだろうなと思っていた。

ところが幸運なことに、適当な人材がほどなく見つかったのだ。もちろんトントン拍子で話が進み、すぐに採用が決まった。もともとその人材が属していた業界は転職先の業界とは異なるのだが、会社側が望んでいたキャリアに非常によく似た経歴を歩んできた人だった。求人側、求職側の双方ともに、かなりラッキーな巡り合わせだったといえる。

こういうケースなら、〝部長の座から部長の座へ〟といったポストの横滑りのような形での再就職は十分あり得るし、1000万円を超える好待遇で雇用してもらえる可能性が高い。とはいえ、このような幸運な転職や再就職の話が見つかるのは、1年で何百社に1社という低い確率である。

定年後の仕事探しでは、好待遇を求めても大半はうまくいかない。が、元のポストや待遇にこだわらなければ仕事は見つかる。しかも最近は若年層の人口減少が進み、人材不足を解消するため高齢者を積極的に雇用しようという気運が急速に高まっている。これは高齢者にとって「神風が吹きはじめた」と捉えてよい。

60～64歳と65歳以上の有効求人倍率の推移を、2013年度～2016年度の4年間（年平均／就職機会積み上げ方式）で見てみよう。60～64歳は0・77倍→0・88倍→0・96倍→1・08倍。65歳以上は0・83倍→0・92倍→1・01倍→1・12倍と、どちらも上昇傾向にある。

正社員だけでなく、契約社員やパートまで含めて考えるならば、高齢者の雇用環境はこれからも向上していくと思われる。それを踏まえて、定年後の職探しは柔軟に構える姿勢が不可欠だ。社会は高齢者の働き手を必要としているのだから、定年前までのキャリアやポスト、待遇にこだわらず、広がり続けている再雇用のチャンスを確実にものにしていきたい。

役職定年は理にかなっている!?

最近、企業のあいだでは定年延長や再雇用を含めた雇用延長の仕組みが広まりつつある。ただし、部長や課長のポストが雇用延長でも保証されるわけではない。多くの企業が、60歳どころか、それよりも数年早く役職を降りる「役職定年制度」を導入しているからだ。

私の古巣であるソニーのような大企業では、部長の10～20人に１人くらいは本部長に昇格できるが、そのほかの人は課長級に降格となったり、極端な場合は平社員に落とされたりする。これが役職定年制度だ。

経団連が２３６社・団体を対象に実施した「中高齢従業員の活躍推進に関するアンケート調査」（２０１５年９月、有効回答数１２１社・団体）によれば、役職定年制度を導入している企業は45・０％、導入を検討している企業は５・８％だった。

私は、役職定年制は極めて理にかなった制度だと考えている。

長年、企業のなかで同僚や部下たちの働きぶりを見てきて、最も創造的に仕事ができる年齢は30代前半から40代前半だと感じてきた。45歳を超えると新しい技能の習得などが難しくなり、知力や体力も徐々に衰えていくものだ。

マサチューセッツ工科大学の認知科学研究者、ジョシュア・ハーツホーン氏に対してビジネスニュースサイトの「BUSINESS INSIDER」がおこなった興味深いインタビューがある。ハーツホーン氏らの研究グループが、10～90歳までの数千人を対象に能力を調べたところ、集中力のピークは43歳前後、他人の感情を読み取る能力のピークは48歳前後だという結果が得られたというのだ。つまり仕事に没頭できるピーク、あるいは営業スキルとして重要なコミュニケーション能力のピークは、大体40代半ばにおとずれるということだ。

30代から40代前半まではまだ伸びしろもあるが、それ以降は能力の向上など期待できない。しかも40代後半以降の世代は、世の中がどんどん変わっていくなかでも古い知識や常識で対応してしまうことが増えるので、年齢を重ねるとともに時代の趨勢《すうせい》からの乖離《かいり》が大きくなっていく。

管理職は50歳を過ぎたら、これから能力のピークに達しようとしている後輩たちに道を譲るのが賢明な選択である。そのほうが人材の成長を促せるし、組織も活性化できる。いつまでも50代の管理職がいると、その古い考え方、古い価値観、古い知識が足かせになり、30代、40代の創造性を引き出すことが難しくなってしまうだろう。役職定年制は、人材の若返りを実現するために必要な制度なのである。

それに役職定年制があれば、早い段階から第２ハーフの準備がはじめられるというメリットがある。役職定年制を採用している企業の多くで、定年後のライフプランを描くための研修が実施されている。また、定年後の仕事に必要な資格を取りたい人向けに、スクールに通うための補助金や休暇を与えるケースもある。

役職定年を迎えたときには、「部長のポストを失った」などと嘆くのではなく、むしろ「よかった。これで第２ハーフを充実させるための準備に取り掛かることができる」と喜ぶのが正しい。役職定年から定年退職を迎えるまでの数年間よりも、定年後の人生のほうがずっと長いのだから、それに向けた意識改革を早い段階からはじめるべきである。

私個人の意見を述べれば、55歳の役職定年、60歳の定年退職ですら遅いと思っている。

定年退職を50歳に定め、40代に入ったらすぐに第２ハーフの準備に入るくらいでちょうどいい。とくに大企業では50歳を超えると実際にモノづくりをしたり、最前線で営業に携わったりすることはほとんどなくなり、技術者や営業マンをマネジメントする仕事がメインになることが多い。そうして、50歳から定年退職に至る10～15年ほどのブランクが現場勘を鈍らせ、再就職のときに求められる実務能力を下げてしまう。

それならばいっそのこと、50歳定年を会社の制度として定めてしまえばいい。実務能力を維持した状態で早めに定年後の人生に突入できるほうが、退職者は人材としての価値を劣化させずに済むし、企業が再雇用する場合も即戦力として活用できるだろう。50歳定年は、とても合理的な人材活用につながると、私は考えている。

雇用延長の落とし穴

2013年4月から実施された「高年齢者等の雇用の安定等に関する法律」（通称「高年齢者雇用安定法」）により、企業には高年齢者を65歳まで雇用するための「雇用確保措置」を講じることが義務づけられた。労働者の立場からいえば、これまでは60歳定年で退職しなければならなかったものが、希望すれば誰でも65歳まで同じ会社で働けるようになった。企業にも負担を強いることだけに実施は段階的だが、監督官庁である厚生労働省は企業に対し、定年延長や再雇用を含む「雇用延長」を強く促している。

この雇用延長、理由は後述するが、私はあまりよい制度ではないと思っている。しかし、

60歳を目前に再就職先が見つかっていない場合、雇用延長の制度を利用してそのまま同じ会社で働き続けるのも1つの選択ではあると思う。

もしあなたが「60歳でひと休みして、充電してから再就職先を探そう」と考えているのだとしたら、思い直してほしい。なぜなら「定年後のキャリア形成において、ブランク期間はデメリットでしかないから」だ。

説明するまでもないだろうが、「ブランク」とは空白の意味だ。つまり「何も仕事をしていない期間」を指している。定年後の人生は長い。それゆえ、少しくらい時間を無駄づかいしてもいいだろう、といった思考になりがちだ。これがいけない。仮に仕事もしないまま2～3年、のんびり過ごしたとしよう。そのブランクは再就職活動の際、まず間違いなくあなたの足を引っ張ることになる。

求人・採用の現場では「ブランク期間」が厳しくチェックされる。その理由は「ビジネスの現場から長く離れていたせいで、即戦力としてのセンスが鈍っているのではないか」「ほかの企業に応募してもなかなか採用が決まらなかったのだとしたら、人材として何かしらの難があるのでは」「ブランクが長いと最新の業界事情が把握できておらず、時代遅れのアウトプットしかできない可能性が高い」といった危惧《きぐ》があるからだ。

これは大企業の部長や子会社の社長といった、シニアやエグゼクティブの転職においても例外ではない。求人をする企業は、どんな層の仕事にも「超・即戦力」を求めている。「仕事なんてすぐに決まるだろう」という甘い考えで、次の職場を決めないまま退職日を迎えてしまい、結果的にブランクができてしまうと、ますます就職しにくくなる。私の人材紹介会社に登録している人にも、新しい働き口が決まらないまま5〜6年経過……という人は少なからず存在する。やっと現実を直視し、条件を大幅に落として求職活動を継続したとしても、甘い見込みで浪費した時間はすでに5年にもなっている。このブランクのせいで、さらに再就職が困難になってしまうのだ。

ここで強調しておきたいのは、雇用延長の制度はあくまでも「ブランク」という最悪の状況から逃れるための、一時的な対応策に過ぎないということだ。理想は、雇用延長の話などまったくあてにせず、55歳前後で次の仕事を決めて退職し、定年後の人生にさっさと突入しまうこと。定年後のキャリア形成については、できるだけ早く考えはじめて、具体的に準備を進めておくべきである。

そして、雇用延長で働くことになっても「これで65歳まで安泰」とあぐらをかかずに、働きながら積極的によりよい条件の働き口を探す姿勢が大切だ。というのも、雇用延長で働く人のすべてが、定年前の給与水準を保証されるわけではないからだ。雇用延長後の雇用形態は非常に不安定なものだと捉えておくほうがよい。

雇用延長の2つのパターン

雇用延長制度における給与や雇用条件などについて話す前に、ここで高年齢者雇用に関する制度について簡単に整理しておこう。

現在、高年齢者を65歳まで雇用するための「雇用確保措置」として、企業は「定年制の廃止」「定年年齢の引き上げ」「継続雇用制度」のいずれかを導入することが義務づけられている。

２０１７年10月に厚生労働省が発表した「高年齢者の雇用状況」によれば、「定年制の廃止」を採用している企業は2・6％、「定年年齢の引き上げ」を採用している企業は17・1％、「継続雇用制度」を採用している企業は80・3％となっている。

圧倒的に企業での採用例が多い「継続雇用制度」は、さらに2つのパターンに分かれる。「勤務延長制度」と「再雇用制度」だ。

前者は定年に達したときに雇用契約を終了することなくそのまま雇用を継続するもの、

後者は定年に達したらいったん雇用契約を終了し、新たに雇用契約を結ぶというものである。勤務延長制度の場合、労働者は定年前と同じ待遇でそのまま働くことができる。対して再雇用制度では定年前の労働条件を一度リセットするので、賃金や雇用形態、労働時間などの待遇が変わるのが、勤務延長制度との大きな違いだ。

東京都が２０１２年におこなった「高年齢者の継続雇用に関する実態調査」によると、定年前の所定時間内賃金を10とした場合、継続雇用後の賃金が５〜６割未満と答えた企業がいちばん多く23・３％、次に多いのが６〜７割未満で22・６％だった。ちなみに７〜８割未満が15・３％、８〜９割未満が４・３％、９〜10割未満が５・０％、10割が８・９％、５割未満が11・７％である。つまり「定年前の５〜７割」がボリュームゾーンなのだ。

しかし、このデータを鵜呑みにして「継続雇用後の給与は定年前の５〜７割」と考えるのは早計である。調査はあくまで会社に対しておこなったものであり、私の会社へ相談に訪れる求職者たちの話を聞くと、実態は多少異なっている。「定年前の５〜７割」はあくまで「所定時間内賃金」、すなわち基本給の話なのだ。

たとえば契約社員になり、それまでもらっていた役職給やさまざまな手当がなくなると、実際の収入はかなり少なくなる。再雇用制度を受け入れた人の話を総合すると、現実的な年収は定年前の4～5割くらいになるらしい。なかには「定年前と仕事内容も労働時間も同じなのに、月給が100万円から10万円になった」と嘆いている人もいる。

59歳と60歳で能力が急に落ちるわけではないのに、60歳の誕生日を迎えたとたんに給料が半分程度になってしまう。仕事内容も勤務時間も定年前とまったく一緒であり、仕事もそれなりにこなせる自負があるのに、肩書きも権限も与えられない。いくら退職金をもらっているとはいえ、実にナンセンスな話である。

こうなると再雇用制度とは、熟練の労働者を〝買い叩く〟制度のようにも思えてくる。再雇用制度を採用している企業が圧倒的に多いのは、それが企業側にとって最も都合がいいシステムだからにほかならない。

企業は、政府に対して「我が社は65歳までの雇用確保措置を講じています」といい顔をし、新卒採用の際には「我が社は65歳まで長く働ける会社です」と求職者にアピールする。しかし現実には、定年以降の雇用は1年ごとに見直しが入る契約社員の扱いで、65歳まで働ける保証はどこにもないのだ。

先に挙げたような待遇では、再雇用で働く人のモチベーションもさすがに落ちる。私のよく知る企業では、再雇用制度のもとで1年ごとの契約更新を無事に乗り切り、65歳まで勤め上げる人はわずか1〜2割といったところ。私には継続雇用制度、とりわけ再雇用制度はまやかしにしか思えない。

以上のような点から、給料が10分の1や半分になってまで会社にしがみつくよりも、新天地で新卒社員のつもりで再出発を果たすほうがベターチョイスであると考える。

定年後の人生では、複数の仕事を持って個人事業主のように働き、収入を積み上げていくのが理想的だ。雇用延長はこうした働き方を実現し、収入を確保するまでの単なる保険に過ぎない。保険があるうちに一日でも早く定年後のワークスタイルを確立したいものだ。

会社の本音は「定年後まで面倒を見切れない」

企業は高齢者の雇用を確保する一方で、さまざまな再就職支援もおこなっている。人事戦略や福利厚生の一環として、企業の人事部が主体となっておこなうケースもあるが、「再就職支援会社」にアウトソーシングするケースも少なくない。あまりよくない言い方をすれば、再就職支援を外部に「丸投げ」している、ということだ。

再就職支援会社は、もともと大きな工場が閉鎖される場合や、大幅に人員を減らしたい場合に、企業から依頼を受けて従業員の再就職先を探して斡旋《あっせん》していた。しかし、団塊の世代が大量に退職するようになってきた２００７年前後から、定年退職者の再就職先探しも数多く手がけるようになってきた。

経済的・時間的に手厚い再就職支援制度を実施している企業であっても、定年退職者を受け入れてくれる企業のリサーチや社員の売り込みまではできない。ゆえに、こうした実務面は再就職支援会社に委託することが多い。

支援会社による一般的な再就職支援サービスは以下のようなものである。

まずは、退職予定者のスキルや希望をヒアリングし、業種や職種を絞り込む。そこから活動プランを作成し、退職予定者に提案する。続いて、応募書類作成のサポートや模擬面接を実施する。学生時代以来、約40年ぶりに求職活動をする人も多いためだ。そして、支援会社の担当者が求人企業を開拓し、退職予定者の売り込みをおこなう。企業の採用担当者と直接会えるジョブフェアや各種セミナーなどに関する情報提供、求職活動中のメンタル的なサポートも支援会社の仕事だ。

しかしながら私の知る限り、こうした支援サービスが定年間近や雇用延長中の人材の再就職につながるケースはほとんどない。

支援が再就職に結びつかない理由としては大きく2つある。１つは高年齢者に教育を施しても効果があまり得られないことだ。

10年ほど前になるが、私の会社でも「高齢者の再就職」をテーマに研究プロジェクトを進めたことがある。有識者や学識経験者、厚生労働省や商工会議所、地方自治体の地域活性化担当と連携して、さまざまな研究を重ねた。また「定年退職者新卒制度」というのを考案し、定年退職した人にもう一度職業人生の振り出しに戻ってもらい、新卒として入社するための「研修」を実施したこともある。

しかし、辿り着いた結果は「高年齢者への組織的かつ効果的な再就職支援活動は不可能」というものだった。リクルートの調査でも、45歳以上の人に新しいスキルをマスターしてもらうのは不可能、という結論が出ている。

なぜ高齢者の教育はうまくいかないのか。私たちは「高齢者の状況が千差万別で、1つのパターンに落とし込めないから」だと結論づけた。

新卒採用者ならば経験や能力がほぼ均質なので、新人研修のようなパターン化された教育制度でも一定の効果を上げることができる。

対して高齢者は、長期の社会人生活を経て、仕事の経験や能力に差が生じてしまっている。さらには、抱えている事情も人それぞれに違いすぎる。たとえば、子どもが独立しているかいないか、親がまだ存命かどうか、存命であっても介護が必要か否か、貯金がどのくらいあるか、本人や配偶者の健康状態はどうかなど、勘案すべき要素にバラつきがありすぎるのだ。

死ぬまでずっと現役で働きたい人もいれば、年金がもらえる年齢になったら引退したい人もいる。人生観やマインドも異なり、パターン化された制度では、もはや通用しないのである。

効果を上げるには1人ひとりに違った対応が求められるわけだが、そのノウハウもあまりないというのが正直なところだ。

「年の功」を活かせる仕事で活躍する

支援が再就職に結びつかないもう1つの理由は、そもそも高齢者を受け入れてくれる職場が少ないという事情もある。

誤解のないようにいっておこう。オフィスでの単純作業やサポート業務など、高齢者にもできる仕事はある。いや、高齢者のほうがむしろ向いている仕事もある。たとえば、学校や塾の先生、家庭教師や秘書などは、人生経験豊富な高齢者のほうが生徒やボスにきめ細かい対応ができるだろう。

我々のような人材紹介業も高齢者の「年の功」が活かされる仕事かもしれない。実際、我が社にも70歳の社員が2人いる。企業を訪ねてどんな人材が欲しいかヒアリングし、条件が合いそうな求職者と面談をして、適任者を紹介するにはコミュニケーション能力や洞察力が不可欠だ。これらは、人生経験豊富な高齢者が得意とするものである。

クレーム処理や突発事故への対応など、若い人ではさばき切れない仕事もある。「社員が勤務中に交通事故を起こした」といった事案は、経験がないとどう処理すればよいかわからない。若手ならパニックになってしまうような場面でも、場数を踏んでいる高齢者なら冷静に処理することができる。顧客に直接お詫びに行かねばならないシチュエーションであれば、若い人が出向くよりも「特別顧問」などの名刺を持つ白髪の紳士が参上するほうが「お偉いさんに対応してもらった」と、相手はより安心してくれるだろう。

このように高齢者ができる仕事はいくらでもあるのだが、実際はその多くを第1ハーフの若手が担ってしまっている。役所の事務仕事や企業の受付業務など、若い人が単純作業をしているのを見るにつけ、「このような仕事こそ高年齢者に任せ、若い世代はもっと創造性の高い仕事で自分の才能を活かせばいいのに」といつも思う。経営者は〝会社の顔〟

である受付に年寄りが並んでいては、見栄えがしないとでも思っているのだろうか。

要するに、高齢者に「できる」仕事はあっても「就ける」仕事がないというのが正確なところだ。そのため、数少ない高齢者向けの仕事を、多数の高齢者で奪い合う構図になっている。高齢者にこそふさわしい仕事に、高齢者が就けるような社会の仕組みを早く導入するべきだ。

しかし、いまの高齢者や、第2ハーフの人生に突入した45歳以降の人には、それを嘆いている余裕もなければ、社会制度の改革を待っている暇もない。とにかく、いますぐにでも再就職に向けて動き出さねばならない。

理想をいうなら、第1ハーフのうちに第2ハーフの再就職について準備をしておくべきだろう。冒頭に挙げた企業のケースを見ても再就職支援制度を行使できる年齢は40代から。再就職の準備は、早めにはじめようと思えばいくらでもやりようがあるのだ。

「条件を徐々に下げる」のは絶対ＮＧ！

定年後の就職活動では、それまでのキャリアや地位、待遇はいったん忘れる必要がある。ほとんどの場合、希望の年収額と企業が提示してくる金額とに大きな落差が生じるからだ。

試しに、ハローワークに集まっている求人から、高齢者も応募可能な「年齢不問」の求人をいくつかピックアップしてみよう。企業から示される月給を見れば、自分が望んでいる金額との差がわかるはずだ。

・調理業務　22万～32万円
・清掃員　18万4450～32万5500円
・保守点検補助　18万～30万円
・介護スタッフ　18万5000～20万5000円
・一般事務　18万7000～23万4000円

どの仕事も月給はほぼ20万～30万円である。これらの求人はフルタイムの仕事だ。パートタイムだと勤務日数や時間により月収はもっと少なくなる。

前述したように、ごく少数ではあるが第2ハーフでも1000万円を超える高収入の仕事に就ける人はいる。ただし、そうした厚遇を得られるのは、切った張ったの修羅場を数多くくぐり抜けてきた企業再生のプロフェッショナルや、中国語が堪能で特殊な工場設備に通じている技術者など、ほかの人にはない傑出した能力を持つ人だけである。どんなに定年を迎えるまで精力的に働き、ほかの社員の2倍、3倍の成果を出していた人であっても、そのことは定年退職後の就職活動ではほとんど評価してもらえない。

前職の年収を忘れられず、「定年前の年収に近い条件の再就職先を希望する」「年収1000万円以上の仕事を見つけてくれ」という人はかなり多い。だが、定年後の再就職でそんな年収を得ようとするのは至難の業だ。可能性はほぼ皆無といってよい。

自分の希望が現実的ではないことに気づいた求職者は、多くの場合、希望年収を小刻みに下げはじめる。冒頭のBさんのケースがまさにこれだ。

「1000万円は難しそうだから、900万円でも構わない」などと100万円単位で下げていくパターンは、とてもよく目にするものだ。しかし、900万円という額も、第2ハーフの仕事としては異例の好待遇である。当然、そんな仕事は滅多に見つからない。100万円下げた程度では、まだ本人の希望額と企業の提示額のあいだに大きな格差が存在するのだ。

過去の実績と決別できない人は、半年あるいは1年ごとに希望年収を100万円ずつ下げていき、あっという間に数年が過ぎてしまう。そしてついには「報酬はいくらでもいいので、何か仕事に就きたい」といいはじめるのだ。しかしその頃には年齢が65歳を過ぎてしまい、今度は企業が求める年齢の枠から外れてしまう。もはや、条件をどれだけ落としても就職先は見つからない。

一方、定年退職後すぐに仕事が見つかる人は、企業の提示額を素直に受け入れるタイプだ。給与が前職の半分にも満たない場合でも、何もいわずに承諾する。

そういう人の多くは、私の会社にはじめて面談に訪れた際などに「私を雇ってくれる会社なんて、なかなかないですよね」といったことを口にする。要するに、現実をよくわきまえているのだ。先日も、ある大企業の部長が定年後の転職先を探すために我が社を訪れたのだが、「どう考えても、まともな会社が私を雇うとは思えませんよ」と非常に謙虚に、かつ冷静に語っていた。

興味深いことに、そういう人たちは時を置かずして再就職先が決まっていく。企業の提示額が240万円でも360万円でも柔軟に受け止めるし、どんなに小さな会社であろうと、勤務先がいままでまったく縁のなかった遠隔地であろうと、軽いフットワークですぐに赴いていく。報酬額で仕事を選り好みするのではなく、自分が必要とされているならどんな条件でも承諾するという発想だから、仕事に就きやすいのだ。

結局、定年後の収入を決定づけるのは、シビアな市場原理のみなのだ。「企業が求める能力」という需要と、「求職者が持つ能力」という供給のバランスで決まる。

長いあいだ1つの会社のなかで働いていると、「年収で1000万円以上もらうのが当たり前」「自分の価格は自分で決める。目安はいまの給与額」といった感覚が染みついてしまう。しかしながら、再就職市場において人材の価格（給与額）を決めるのは、あくまでも企業側だ。そのことを十分に理解しておかないと、定年後の出だしでつまずくことになる。

働き続ければ、新しいチャンスも生まれる

すでに述べたように、定年退職から何年間かキャリアのブランクが生じてしまうと、再就職が非常に難しくなる。だからこそ定年後の仕事探しは「お金」から入るのではなく、どのような条件を提示されても「とにかく働く」という気持ちでまず受け入れてみることが肝要だ。

まだ自分が誰かの役に立てることに喜びを見出し、社会とのつながりを維持していく。そんな姿勢で働き続けていれば、努力次第で自分の能力やスキルを活かせるチャンスを広げていくことも可能である。

定年退職後の就職であるから、正社員の身分になるのは難しいかもしれない。フルタイ

ムの仕事に就くのも、そうたやすいことではないだろう。見つかるのは、週に1日とか2日程度の勤務で、拘束時間も1時間、2時間というような、細切れの仕事ばかりである可能性が高い。現役世代から見れば、高齢者の仕事はいわば「副業」ばかりの世界に映るかもしれない。しかし定年後は、どんな仕事であろうと積極的に拾っていく気持ちがなければ、なかなか活躍の場は広がっていかないだろう。

生涯にわたり、本業だけで高収入を得られるのは医師や弁護士、公認会計士といった特別な専門職だけである。多くの人は、定年を迎えて再就職しても前職より収入が下がり、月収5万円、10万円といった副業のような仕事しか見つからなくなるものだ。

けれども5万円の仕事を3つ、4つと寄せ集めればそれなりの収入になる。仮に10件の仕事を持てば月収は50万円となり、それなら現役時代と変わらないという人もいるだろう。

冒頭で紹介したAさんがこれだ。あちらの会社から5万円の仕事を得て、こちらの会社から10万円の仕事を請け負う、といったフリーランスに似たスタイルである。定年後は1つの会社に週5日間通う必要はない。むしろ、そういうフルタイムの仕事で雇用される確率は低いのだから、定年後の仕事は自然とフリーランス的になるともいえる。

働き口を複数確保できれば、それだけ社会との接点が増え、人のネットワークも広がっていく。すると、どこかの会社が自分の能力やスキルを見込んでくれて、「うちでも働いてみないか」と声をかけてくれる可能性が高くなる。

こうした第２ハーフならではの働き方について、まさにお手本となるような事例があるので紹介したい。

ある大企業で経理部長を務めていた人が定年退職を迎え、私のところに再就職の口がないかと相談にやって来た。「どんな規模の会社でも構わない」というので、小さな町工場の会計事務の仕事を紹介した。フルタイムではなく週1日の出勤で、毎週の売り上げや利益を計算したり、経費を処理したりする業務だ。

その人は働きはじめてすぐ、単に与えられた業務をこなすだけでなく、売り上げや利益を昨年同月と比較してグラフ化したり、同業他社との業績比較表などを作成したりと、独自に資料をまとめるようになった。資料を渡された社長は自分の期待以上に働いてくれる〝新人〟の働きぶりを高く評価した。

そしてある日、町工場の社長仲間が集まる会議の場で「本当に有能です。いい人に来てもらった」と元経理部長のことを何気なくほめたところ、ほかの町工場の社長から「時間があれば、うちにも来てもらえないだろうか」という話になったそうだ。

それがきっかけとなり、元経理部長は2社目、3社目と勤務先を増やしていった。いま、平日は町工場4社に代わる代わる出勤している。給与は1社当たり月額10万円。合わせて月に40万円を稼ぐようになったわけだ。

大手企業の元経理部長という経歴を持つ人からすると、最初の仕事は、必ずしも本意ではなかったかもしれない。しかし誠実に目の前の仕事に取り組み、自分なりに工夫を凝らしてアウトプットの質を高めていった。そうした姿勢が社長に認められ、やがてほかの会社からも戦力になってほしいと請われるまでに至った。これこそ、定年後を生きる者の本懐であろう。

少子高齢化の日本では高齢者も働き手として期待されている。15〜64歳の生産年齢人口は下がる一方だから、今後、高齢者が働ける機会はますます広がっていくだろう。

ただし、肉体的にきつい仕事は選択肢から外したほうが賢明だ。高齢者は体力が低下し、反射神経が鈍るなど身体機能がだんだんと衰えていく。重い荷物を運ぶような仕事や、長距離を走るドライバーの仕事などは避けたほうがよいだろう。あくまでも体をいたわりながら、できるだけ長く働き続けられる仕事を選び、定年後を充実させてもらいたいと思う。

起業だけは「やってはいけない」

本書では、個人事業主のようにいくつかの仕事を掛け持ちして収入を増やしていくことを推奨しているが、起業だけは決しておすすめしない。実は私自身も定年後に起業しているが、もしいまくらい知恵があれば、起業していなかったと思う。

起業とは文字通り「事業を起こす」ことだ。ここでは法人化しているかどうかに関係なく、従業員を抱えたり、オフィスや店舗を借りたり、機材を買い入れたりなど、大きな初期投資やランニングコストが必要なケースを「起業」、自分の身1つでフレキシブルに動けるフリーランス的な働き方を「個人事業」と呼ぶことにする。

そもそも起業は、職業の選択肢といえない。通常の人であれば、軽々しく近づいてはいけない領域だ。起業とは、体力も胆力も満ちあふれた30代までに挑戦すべきもので、運と才能に恵まれたごく一部の人だけが成功するものだと、私は思っている。

たとえば、ソフトバンクグループの創業者で、現在、ソフトバンク株式会社の代表取締役会長を務める孫正義氏がはじめて起業したのは22歳のとき。カリフォルニア大学バークレー校在学中のことだった。自ら発明した音声付き自動翻訳機の権利をシャープに売却し、それで得た1億円を元手に米国でソフトウエア会社を設立したのだという。マイクロソフト創始者のビル・ゲイツ氏にいたっては高校時代に起業し、自動車の交通量調査に使用するソフトを開発。それを州政府に販売していたというから驚きだ。

私はこれまで、人材を求める企業にプロの経営幹部を数多く紹介してきた。また、これまでのビジネス経験のなかで、本当に有能な経営者たちと共に仕事をしてきた。そんな私からすると、会社の事業案は1つや2つでは確実に立ち行かない。

経営者のあいだでは「事業の3本柱」とよく話題にされる。3本の柱があれば、どれか1本が倒れたとしても残りの2本で会社を支えることができる、という意味だ。しかし、私からいわせれば3本でも足りない。本当に画期的なアイデアが最低でも10本なければ、会社は成功しないだろう。

孫正義氏が発明した自動翻訳機は、250ものアイデアのなかから選び抜いた1つだったという。変化の早いこのご時世、どんなに優れた事業案であろうと、すぐに陳腐化する。だから、アイデアは常に量産していかなければならない。それができなければ倒産し負債を背負うことになる。定年退職後に起業を志すのは、60歳を過ぎてからメジャーリーグの選手を目指すのと同じくらい無謀なチャレンジだと理解したほうがいい。

東京商工リサーチによる「『2016年休廃業・解散企業』動向調査」を見ると、会社を休廃業・解散した代表者の年齢は60代が最も多く、全体の34・73％だった。次が70代で33・67％だった。この数字には後継者の不在や健康上の理由などによる廃業も含まれており、事業がうまくいかなかった事例を端的に示しているわけではない。だが、私はこの数字を見る限り、60歳というのは経営者を辞める年齢であって、新たにはじめる年齢ではないように感じる。60歳を過ぎて起業するのは、もはや「自信過剰」を通り越して「不遜」ですらあると思う。

加えて、有名な起業家たちは、成功へと至る過程で必ず失敗を経験していることも忘れてはならない。ケンタッキーフライドチキン（ＫＦＣ）の創業者カーネル・サンダースも過去にガソリンスタンドやレストランの経営に失敗しているし、自動車王のヘンリー・フォードは5度も自己破産している。

こうした数々の失敗に耐えられる気力を持ち、何度転んでも立ち上がり続ける粘り強さがなければ、絶対に起業は成功しない。そもそも、何度失敗を経験しようと立ち直り、新たに事業を起こして軌道に乗せるには、それなりに時間もかかる。そんな時間的余裕は、第2ハーフには残されていない。

会社を立ち上げ、回していくには資金がかかる。金融機関から融資を受けたり、友人・

知人から出資を募ったりなど、資金の調達方法にはいくつかのパターンがあるが、どれを選択しても後始末は厄介だ。これらはすべて「借金」だからだ。借金に追われながら定年後の人生を送るなんて、私は絶対におすすめできない。

「それならば、他人のお金をあてにせず、自己資金で起業すればいいじゃないか」という読者もいるかもしれない。しかし、これは高齢者にとって、極めて危険な発想である。

高齢者は退職金というまとまったお金を持っている。だから、起業を志す場合、自己資金を投入してしまうケースが多いのだ。とはいえ私の知る限り、退職金をつぎ込んで会社を興した人の99%が失敗に終わっている。

金融機関からお金を借りる場合、融資担当者から綿密な事業計画を要求されるので、リスキーな計画ではそもそも融資を受け付けてもらえない。しかし、自己資金の場合はそのような防波堤が存在しないのだ。ほとんどの事業は軌道に乗らずに倒産し、開業資金につぎ込んだ退職金は溶けてなくなる。

退職金とは本来、ケガや病気で働けなくなったときに自分と家族を守るための備えとしてとっておくべきものである。いちかばちかの勝負につぎ込むべきではない。

お金の問題だけではない。事業が失敗したら、社員に再就職先を見つけてあげることができるだろうか。

若いときなら人に迷惑をかけてもまだ許される。失った信用はまた取り戻せるかもしれない。しかし、歳をとったら自分を担保にできない。高齢者は人生の残り時間も少ないので、まわりに迷惑をかけても取り返す時間はない。高齢者が留意すべき唯一の要件は「人様に迷惑をかけない」ことだと、私は考える。

定年後は、あなたを信じて力を貸してくれた人々に迷惑がかかるような真似だけは絶対にしてはならない。そう考えれば、おのずと起業という選択肢は消えるであろう。

「選手」から「コーチ」に変わる

定年後の仕事探しは過去のポジションや実績にこだわらず、「何でもできます」「何でもやります」という姿勢が大事であると再三申し上げてきた。

とはいえ、新しいスキルを身につけるのは45歳が限界ということも、すでにお伝えした通りである。ゆえに「定年前の実績は忘れて新入社員のつもりで」といっても、まったく未知のことにチャレンジするのは合理的ではない。定年後の仕事の重要なテーマである「他人や社会の役に立つ」という考え方から見れば、いままでに培ったスキルや経験を、後進や社会のために還元するのが理想的だ。
そうした視点に立てば、定年後の仕事選びはおのずと「定年前の経験を活かして、現在第1ハーフで働く人々をサポートするような仕事」が目指すべき方向性になってくるだろう。

野球でいうならば、選手からコーチになるイメージである。しかし、引退した選手が全員コーチになれるわけではない。コーチになれなければ審判やスカウト、チームマネージャー、用具メーカーの開発や営業、グラウンドの整備員といった職種もある。誰でもできそうなグラウンド整備にしても、まったくの素人がやるより過去に野球をしていた人のほうが勘どころを理解しているだろうし、現役の選手に喜ばれる環境づくりができるというものだ。

定年後の仕事は、「選手からコーチ」のように近しい領域ばかりにこだわる必要はない。定年前までに身につけたスキルや経験の延長線上で、できる仕事を探すようにすればよいのである。

私も定年前までに身につけたスキルや経験を活かし、別の業界で仕事をしている1人だ。私の場合はこんな発想で定年後の仕事をイメージしていった。

電機メーカーをやめたら現場感が鈍り、日進月歩であるモノづくりの最前線にはもういられないだろう。物覚えも悪くなるから、専門知識や深い商品理解が求められるセールスの現場にも立てない。加えて体力も落ちている。でも、しゃべることはできるし、人に会うこともできる。管理職や経営者として人の上に立った経験から、何かを教えることもできるだろう。カスタマーサポート部門で苦情対応を手がけた経験もあるし、組織人としての処世術やビジネス上の危機管理も自分なりに知見を蓄えてきたから、難しいシチュエーションに立たされて困っている人を助けることもできる――。こうした思考の積み重ねにより浮かび上がってきたのが、人材紹介業だった。

定年前に身につけたスキルや経験の延長線上で定年後の仕事を考える際には、１つのアイデアに固執せず、頭を柔軟にしておくことが大事だ。

私の知人に、ビジネスで鍛えた語学力を活かして英会話学校の教師になった人がいる。彼は文字通り世界を股にかけて活躍した商社マンで、定年退職を前に私のところへ再就職の相談にやって来た。彼は当初、前職と同じように世界中で物を行き来させるような仕事を希望していた。ところが、いざ仕事を探してみるとなかなか希望通りのポジションが見つからない。そこで彼は「会社員にこだわらず、前職とはまったく違う領域で仕事を探してみようか」と発想を転換してみた。

自分は英語の読み書きが得意だ。コミュニケーションスキルも高いと思う。心身ともに健康だ。子どもたちはもう独立しているので、それほど多くの給与は必要ない。ただ、義母が存命なので、今後は面倒をみることになるだろう。であれば、日本と海外を頻繁《ひんぱん》に行き来するような仕事よりも国内で完結する仕事のほうがいい――。

このように発想を広げて定年後の生き方を検討していった結果、「英会話学校の教師」という選択肢が出てきたというわけだ。彼の授業では、ビジネスの現場で実際に使われている英語を学ぶことができるので、とくにビジネスマンの生徒からとても喜ばれているという。これも「英語を使いこなす人材の育成」という、ビジネス界を陰で支える意義深い仕事だといえるだろう。

このように、定年前に培ったスキルや経験を土台に、柔軟な発想で延長線上を探っていくと、定年後の仕事が思わぬところから見つかることも多い。定年前のようにビジネスの最前線で働くことはなくても、陰から支える裏方役、縁の下の力持ち的な仕事でやりがいを得られるなら、きっと素晴らしい定年後を過ごせるだろう。

思い切ってまったく違う仕事をするのもあり

定年を迎えるまでに専門性の高い業務を経験していたり、特殊な技能が求められる仕事に就いていたりした場合を除き、定年後は前職での能力や技能がほとんど売り物にならない。ならばいっそ、まったく違う仕事に就くという選択肢もある。趣味や特技を活かして、前職からは想像もつかないような仕事に出合えるかもしれない。

私の会社を訪ねてきた求職者のなかに、証券会社の敏腕営業マンとしてならし、2000万円近い年俸を得ていた人がいた。私は、その人の腕なら同じ証券業界で再就職の口が見つかるだろうと考えていた。しかし、彼は意外にも「タクシーの運転手になろうと思う」と伝えてきた。「私はクルマを運転することが好きだし、人と会話することも好きです。タクシー運転手なら、どちらの〝好き〟も両立できます」ということだった。お金はもう十分に稼いだという事情もあるのだろうが、このように自分の好きなことや得意なことを軸に、定年後の仕事を選ぶのも1つの方法である。

偶然に選んだ仕事であっても、思いがけず自分の特技が役立つケースもある。某メーカーで技術部長を務めていた男性は、定年退職するとマンション管理人の仕事に就いた。担当するマンションに毎朝8時くらいに出勤し、夕方4時まで滞在する。その間、掃除をしたり、共用廊下の蛍光灯を替えたり、宅配便など建物に出入りする業者をチェックしたりといった業務を意欲的にこなしていた。

やがて管理人の仕事にも慣れてくると、男性は自主的に壊れかけていた自転車置き場の屋根を修繕したり、ゴミ置き場のひさしを新しくつくり替えたりするようになった。もちろん管理組合に許可は取っている。本来の業務には含まれない作業なので、要するに無償奉仕である。それどころか、材料の購入費用は自腹を切っているというではないか。そこまでしなくてもよいのでは、と尋ねてみたが「材料費といってもたかが知れています。趣味みたいなものですから、いいんです」と、楽しそうに作業をしている。

管理人のあまりの手際のよさ、そして仕上がりの素晴らしさに、マンションの住民はみな驚いたそうだ。もともと手先は器用だったのだろう。加えて、おそらくメーカーの技術部門にいた頃は、自分が作業しやすいように工具をカスタマイズしたり、工場の日常的なメンテナンスに用いる備品などを手づくりしたり、といった経験もあったのだと思う。

このように現役時代とはまったく違う仕事であっても、趣味や特技を活かしたりすることで、より楽しく仕事に取り組めるようになる。その意味では、定年後にどんな仕事に就くことになろうと、発想の転換やアプローチの仕方1つで、いくらでも仕事を楽しくすることができるのだ。最初はその仕事にあまり興味が持てなかったとしても、思わぬところで面白さに気づき、大きなやりがいが得られるかもしれない。

人手不足の昨今、高齢者はさまざまな領域で人材として期待され、活躍の機会を増やしている。

たとえば、モスバーガーやマクドナルドなどのファストフード業界や、セブン‐イレブンやローソンといったコンビニ業界では、積極的に高齢者を採用するようになってきた。これまでは学生やフリーターなどの若者を中心に採用し、高齢者は人材が集まらなかったときの代替要員として雇う、といったニュアンスが強かった。ところが近年、高齢者をアルバイトとして採用してみたら、むしろ顧客から高く評価されるケースも出ており、採用側の見方は変わってきたという。

モスバーガーでは、60歳以上の高齢店員――通称「モスジーバー」を積極的に採用したところ、孫のような年齢の顧客のあいだで「口調や物腰が柔らかくて丁寧なサービスが嬉しい」「優しげな笑顔に癒される」などと評判になっているそうだ。長く生きてきたからこそ提供できる、細やかな気配りや温かみのあるサービスは、高齢者にとって大きな武器になる。定年後の新たなチャレンジとして、接客業、それも若いイメージが強いコンビニやファストフード業界にアルバイトとして飛び込んでみるのも悪くない。

あまり選り好みせず、柔軟に仕事を探すということでは、勤務地へのこだわりを捨てるのも一案だ。都市圏に住んでいる人が、UターンやIターンで地方企業に再就職し、定年後は地方で暮らす、という選択も十分あり得る。

「定年後の仕事のために、わざわざ地方へ転居するなんて」と非現実的に思うかもしれない。だが、都市圏で新しい働き口がなかなか見つからないようであれば、むしろ積極的に地方企業に活路を見出すことをおすすめしたい。人材不足にあえぐ企業は地方にも多く、都市圏の企業にこだわらなければ、求人の選択肢は格段に増える可能性が高い。

キーワードは「安い、やめない、休まない」

私の会社に人材紹介を依頼するクライアントには、いわゆる大企業も多い。守秘義務があるので具体的な企業名は書けないが、社名を聞けば誰もが「知ってます！」と返すような有名企業とも取引がある。そうしたクライアントの人事担当者とよく話をするのだが、彼らの話を聞いていくうちに、高齢者が仕事に就くための要件が浮かび上がってきた。つまりは、企業が定年後の人材にいったい何を期待しているのか、ということだ。

「やる気がある」「態度や物腰が柔らかく、社会人として適切なコミュニケーションがとれる」「依頼された業務をきちんとこなし、まわりと協調しながら仕事に取り組める」「身だしなみがキチンとしている。服装や髪型に清潔感がある」などが、まず挙げられるポイントだ。しかし、これらの条件は定年前の人材にも求められる事柄である。

これらに加えて、定年後の人材に企業が期待している特有の要件がある。それが「安い」「やめない」「休まない」という〝3つのY〟だ。

「安い」というのは給与面で高望みをしないことである。企業が高齢者を雇ういちばんのメリットは、第1ハーフ世代と同等の仕事ができる人を、彼らよりもはるかに安い給料で雇えることである。だから企業は、定年後の人材と雇用条件のすり合わせをおこなうとき、「私は前職の頃と同じように働けます。だから給与もその頃と同じような額にしてほしいです」などと主張する人は、正直なところ、あまり採用したくないのだ。

もちろん「やめない」ことも重要だ。高齢者のなかには年金や退職金が十分あって、生活費を稼ぐためにあくせく働く必要のない人もいる。とくに定年を迎えるまでバリバリ活躍していた人は、それなりに蓄えもあるだろう。そうした人は定年後、せっかく新たに仕事をはじめても、数日ほど働いてみたところで「業務内容や待遇が考えていたのと少し違う」と、簡単にやめてしまうことがある。せっかく採用しても数日でやめられてしまっては、採用活動に要した手間や時間、費用がすべて無駄になってしまう。そのため採用担当者は「この人はきっとやめない」と信じられる人材を、どうにかして見極めようとしているのだ。

そして「休まない」こと。高齢者は体力の衰えとともに、疲労の回復も遅くなってくる。とはいえ「疲れが抜けないので、今日は休みます」などと当日になって連絡してきて、突然仕事を休まれると、企業は人員配置が予定通りに進められなくなってしまう。もちろん「やってみたものの、体力がついていかないから」と急にやめてしまうのも御法度だ。

「定年後の就職活動では、選り好みは禁物である」と前にも書いた。しかしながら「自分はその仕事に、体力的に耐えられるか」という視点は、仕事探しのときにぜひ持っておきたい。少なくとも欠勤を繰り返したり、すぐにやめてしまったりすることだけは慎まなければならない。さらに、睡眠をしっかりとる、深酒はしないなど、丁寧に体をメンテナンスし、明日の仕事に備えてコンディションを整える意識を持つのも重要だ。

ここまで述べたような〝3Y〟に加えて、もう1つ大事な要件を挙げておこう。それは「コミュニケーション能力の高さ」だ。

私はいまの会社で、3000人以上の求職者を面接してきた。その経験を踏まえて感じるのは、やはりコミュニケーションが上手な人ほど就職が早く決まり、その後も長く勤務しているケースが多い、ということだ。

いつもにこやかで表情が明るく、発言や行動も前向き。自分の意見を我先に主張するより、まず相手の話をしっかり聞こうとする〝聞き上手〟タイプ。でも、相手の考えを認めたうえで、自分の意見をハッキリと口にする。周囲の人たちから好かれて友だちが多く、その経験が積み重なって社交性も高い――そんな人は、定年後の仕事でも多くは成功する。

企業もそれがわかっているので、面接などではコミュニケーション能力を測ろうとしてときには答えにくい質問をする。とはいえ、気負う必要はない。まずはにこやかに。そして相手の話をちゃんと聞く。そうした点を意識するだけでも、ずいぶん印象は変わるものだ。

転職は2回が限度

定年後にすんなり再就職できるかどうかは、定年前までの転職回数も関係してくる。

私は定年を迎えるまでに、転職を2回経験している。最初は24歳のとき、新卒で入社した伊藤忠商事から、まだ町工場に過ぎなかったソニーに移った。2回目は、町工場のソニーが国際企業に成長し、私がソニーアメリカで働いていた73年、当時コングロマリットとして隆盛を極めていたシンガーからスカウトを受け転職した。その2回……いや、シンガーで8年働いたあとソニーに出戻っているので、正確に数えれば転職は3回となる。

近年の転職市場において、採用側の本音は「過去の転職歴は2回まで。3回以上はアウト」である。転職経験のない人からすれば「一度転職してしまえば、あとは2回も3回も同じようなものだろう」と思うかもしれない。しかし、たった1回の違いが職探しにおいては重要な意味を持つ。

私の会社は約1000社のクライアントを持ち、有名企業もずらりと並んでいる。そのうちの9割の会社では、3回転職している人は書類審査さえも通過できない。たとえどんなに人材探しで困っていようと、企業はそのルールを頑《かたく》なに守るのだ。この傾向は、ここ10年で顕著になってきた。

ある上場企業の採用担当者から「工場長が務まる人材を半年間探しているが、なかなか見つからなくて参っている」と泣きつかれたことがある。それほど困っているならと、我が社の求職者リストのなかからめぼしい人材を選んで紹介した。ところが「この方、能力は十分ですが、３回転職しているのでダメです」とひと言で却下されてしまった。

「これは日本企業の話で、外資系なら転職がプラスに判断されるはず」と考える人もいるかもしれない。しかしアメリカで長期間仕事をしたり、長年海外企業と取引したりしてきた私の経験からいえるのは、アメリカであっても一度入社した企業に長く勤めるのが一般的である、ということだ。転職を何度も繰り返す人は、やはり採用のときに嫌がられる傾向がある。

企業がこれほどまでに転職３回以上の人を嫌う理由は明確だ。転職回数の多い人は「やめグセがある」「我慢ができない」「協調性がない」と見なされるのである。

企業は、いったん採用した人材には定年退職か、やむを得ない解雇を除き、できるだけ長く勤めてほしいと考えている。新しい仕事や職場に慣れ、戦力として貢献してもらえるようになるまでには、ある程度の時間がかかる。また、求人広告費や人材紹介会社への紹介料といったコストも発生している。すぐにやめられてしまうと、企業は多大な損失を被ることになる。

だから、企業としては履歴書に３回以上の転職歴があると、どうしても慎重にならざるを得ない。定年前の転職でもそうなのだから、定年後の就職活動ではなおさらである。ただでさえ条件のよい求人は少ないうえに、就職希望者も殺到する。企業からすれば転職3回以上の人を書類で機械的に落としても、まだ選べる余地が十分あるのだ。定年前の人には、「3回」という転職回数は致命的であると心してほしい。

私は、第1ハーフの人たちと話すときにはいつも「会社は入るところであって、やめるところではない」といっている。〝きれいなキャリア〟は第1ハーフだけでなく、第2ハーフの仕事探しでもプラスに働くのだ。

もちろん、危険な仕事をさせられたり、休みなく働かされたりといった、労働基準法に違反するような職場なのであれば、やめるのも致し方ない。しかし、そうした極端なケースでなければ、1つの会社で一生懸命に働き、自分の能力を伸ばすのがよいと考えている。

人材紹介業には、なるべくお世話にならない

前項で「会社は入るところで、やめるところではない」と説いた。転職歴がないほうが、第1ハーフでも第2ハーフでも仕事を探すときに有利であるからだ。人材紹介会社の世話になることもなく、定年まで勤め上げられるなら、これほど幸せなことはない。

「でも、あなたは人材紹介会社を経営しているではないか」と指摘する読者の声が聞こえ

てきそうである。確かに、私は転職の支援を生業としている。しかし、転職の気持ちのない人や、転職する必要のない人を強引に口説くようなヘッドハンティングはおこなっていない。これは人材紹介会社を創業したときからの、私たちのルールである。

私たちが支援するのは、退職を選択するのもやむを得ないと思われるビジネスマンである。ビジネスマンのなかにはパワハラに耐えかねている人や、あまりの長時間労働に音《ね》を上げている人もいる。また、会社の業績が急に悪くなって不本意ながら会社をクビになる人もいる。主にそういう人たちに対して、私たちは転職をサポートしているのだ。定年退職後に仕事を探す人も、それまでの会社にはもはや居場所がないのだから、私たちの支援の対象である。

人材紹介会社は、いわば医者のような存在だ。医者は病気になった患者を診る。相手が健康体なのに、手術や投薬をおこなう医者はいない。転職せざるを得ない人、あるいは仕事を失ってしまった人は、病気を抱えた患者のようなものだ。人材紹介会社は、労働市場における〝患者〟を対象に、彼らが重篤な状態、危機的状況に陥らないよう支えるのが仕事なのである。いまの職場で十分活躍しているビジネスマンにアプローチし、転職をすすめることがないのは、健康体の人に手術や服薬をおこなわないのと同じだ。

いま、第1ハーフで働いている人たちにも、安易に転職を考えるべきではないと伝えたい。とりわけ給料額を理由に転職を考えているのなら、安易に動くのは控えるほうがよい。高給目当ての転職は、採用側にもその意図をたやすく見抜かれる。企業の採用担当は「お金で転職してくるような人材を採っても、もっと高い給料を出す会社がほかに見つかれば、きっとそこに移っていくだろう」と考え、候補者リストから落としてしまう。

しかも、転職すれば必ずしも給料が上がる保証はない。2016年に厚生労働省が実施した「雇用動向調査」で転職者に賃金変動を聞いたところ、前職の賃金に比べ「増加」した人の割合は35・3%、「減少」した人の割合は34・1%、「変わらない」人の割合は28・8%であった。つまり転職して給与面で成功する人は半分以下に過ぎないのだ。

私自身の転職でも、伊藤忠商事からソニーに入ったときは給料が3割ダウンし、シンガーのアジア・パシフィック責任者からソニーに再入社して中堅幹部に就いたときは6割ダウンしている。給与面で見れば、転職に成功したとはいえないだろう。しかし転職したからこそ面白い仕事が経験できたと思っているので、まったく後悔はない。

「給料が半分になっても、やってみたい」と思えるような仕事であれば、それは給与目当てではなく、夢を実現するための転職といえる。お金をインセンティブにせず、仕事そのものに意識が向いているので、新しい職場にもすぐ馴染めるだろうし、やりがいを感じながら長く勤められる可能性が高い。

また、自分のスキルが間違いなく上がり、成果も出しているのに給料がアップしないような会社は、経営が破綻しかけているか、評価制度がおかしいか、いずれにせよ何かしらの問題を抱えている。さっさと見切りをつけて転職したほうがよい。

ただし前項までに述べた通り、転職活動では「転職回数」「年齢」「実務的に即戦力になれるか」などが問われ、年々条件が厳しさを増している。とりわけ転職回数は最も採用の障害となり、前述したように3回の転職歴があると書類審査さえも通らないので注意しておきたい。

ここまで転職条件が厳しくなると、かつてソニー創業者の1人である盛田昭夫さんの話していたことが、夢物語のように思えてくる。盛田さんは「転職は多いほどよい」といっていた。転職が多ければ多いほど、視野が広いし多彩な経験を積んでいるだろう。また、つらい思いもたくさんしているだろうから、きっと我が社のことをよく思い、やめずに長く働いてくれるだろう——そんなふうに考えていた。いまの経営者には、転職回数の多い人材を鷹揚《おうよう》に受け入れるだけの余裕がないのかもしれない。

副業するエネルギーはいまの仕事に向ける

私は、ビジネスマンが定年前に副業を持つことには反対である。ところが、いまは政府までもが副業推奨の旗を振りはじめている。

厚生労働省は会社員が副業や兼業をおこないやすいように、企業が就業規則を作成するときに参考とする「モデル就業規則」を見直す方針を決めている。たとえば、従来は「許可なくほかの会社等の業務に従事しない」としていた項目を削除し、「勤務時間外にほかの会社等の業務に従事できる」などの項目に差し替える案が出ている。企業は必ずしも厚生労働省のモデル就業規則にならう必要はないのだが、企業に対する一定の影響力はあると思われる。

中小企業庁の「平成26年度兼業・副業に係る取組み実態調査事業」では、兼業・副業を認めている企業はサイボウズやエンファクトリーといった比較的社歴の浅いＩＴ企業が多い。社員が成長する機会を増やし、社外での人脈を築くことや副業で培った経験やノウハウを自社で活かしてもらいたいという目論見があるようだ。

一方で「長時間労働をなくす」といった働き方改革の影響もあり、「うちは残業時間を減らす方向だから、残業代を期待されても払えない。できたら副業でもして補ってほしい」という本音も見え隠れしている。

かつては残業代が給料のなかで少なくない割合を占め、ビジネスマンもそれを頼りに生活していたところがあった。ところが、そんな時代はもはや遠くに過ぎ去り、残業時間の削減、すなわち残業代の削減が加速する方向へと着実に向かっている。

残業時間が減るのであれば、その時間をほかの仕事にあてて少しでも稼ぎ、生活を豊かにしたいと思う気持ちはわからなくもない。だが、そうであっても副業に手を出していいのは、生活が立ち行かないほど困窮しているときなど、やむを得ない場合のみであるべきだ。しかも本業に差しさわりが出ず、健康も損なわれない週末のアルバイト程度にとどめておきたい。

定年を迎える前のビジネスマンが専念すべきは、やはり本業である。本業に最大限の時間と精力をつぎ込まなければならない。

先に私は、定年後の就職活動では、定年前に培った経験やスキルは捨てなさいと述べた。とはいえ、高度な専門性を伴う実務能力がある人は、企業の求人条件にピタリとはまり、好待遇で迎えられる可能性がある。企業が即戦力として、喉から手が出るほど欲しがるような実務能力は、本業のなかでしか養えないものだ。副業はどこまでいっても副業であり、誰でもできるアルバイトのような仕事をどれだけやったところで、高度な実務能力はなかなか身につかないだろう。

読者のなかには、趣味を副業にしている人、もしくは今後副業にしたいと目論んでいる人もいるかもしれない。それでお金を稼げる自信があるなら、副業を本業にしてしまうのも1つの選択である。好きなことなら何時間でも携わっていられるし、誰かに口うるさくいわれたりしなくても道を極めようとするものだ。趣味にのめり込めばのめり込むほど収入が上がるのなら、これほど楽しいことはない。

会社の人事には添うてみよ

「意に沿わない異動の内示が出たのですが、転職したほうがいいでしょうか」と尋ねてくるビジネスマンは、思いのほか多い。そんなとき、私はいつも「会社の命令に従いなさい」とアドバイスしている。

異動は自分の意思とは関係のないところで決まることが多いので、納得できる場合もあれば、できない場合もある。しかし、どんな異動でも受け入れたほうがキャリアの幅が広がるし、思いもよらない楽しみがついてくることもある。だから、まずは社命に従い、やるだけやってみることが大事だ。

定年前のビジネスマンには「いまは修業の時期である」と割り切って、会社の命令に素直に従うことをおすすめする。私自身、異動の指示に背いたことは一度もないし、異動の理由を聞いたことさえない。異動には必ず会社側の理由があるのだから、それを問いただしたところで、覆《くつがえ》るわけもない。また、異動を断りでもしたら、必ずといっていいほど後の昇格・昇給などで痛い目に遭う。

私の経験上、10回に8回は意に沿わない異動であった。人事とはそういうものだ。ならば、いやいや従うのではなく「どんなところに行っても結果を出すのだ」という強い意志をもって異動先に移るほうがよい。能力を存分に発揮していれば社内の評価は上がり、次はよい異動話が来るかもしれない。

第3章／いますぐはじめる暮らしの見直し方

お金、健康、人づきあい…はこう変える

定年後を見据えた暮らし替え

定年後に働きたいと思っても、第1ハーフと同じような待遇の仕事に巡り合うのはほとんど不可能。それどころか仕事がいつまで経っても見つからないことさえある――定年後の「仕事」に関する現況は、前章を読んでおわかりいただけたことと思う。続く本章では、「暮らし」というアングルから定年後について考えていきたい。

そもそも定年後の生活には、どれくらいの収入が必要だろうか。

総務省統計局の平成28年（2016年）版「家計調査」によれば、2人以上の勤労者世帯における収入は、50代は月平均で61万7400円、60歳以上は39万1436円で、60歳以上は50代の約6割となっている。収入が6割に減るなら、支出も6割にダウンサイジン

グするしかない。第１ハーフでは、結婚して家族が増えるにしたがって、教育費や住宅ローンを払うためにどうすれば収入を増やせるか、仕事で稼げるようになるかということが最大のテーマだった。第２ハーフでは、収入の減少に伴って、どうすれば支出を減らせるかがいちばんのテーマになる。

同じ調査で高齢者世帯の支出を見てみよう。

基礎的支出が全体に占める割合を見ると、60代の世帯で64・９％、70歳以上の世帯では71・０％となっている。基礎的支出とは食費や病気治療など、生きていくために欠かせない支出のこと。ここは削れないから、まずは不要不急の趣味や娯楽、外食から減らそうとするのが一般的な発想だろう。

しかし、基本の支出は本当にそれ以上減らすことができないのだろうか？

もちろん、定年前はまだ社会的なつきあいもあるし、ローンが残っている人も多いだろう。しかしその段階から定年後の暮らしをイメージして、少しずつそこに近づけていくことはできる。定年後の働き方に向けて、仕事に対する意識を変えておく必要があるように、暮らし方も40代、50代のうちから、徐々にシフトチェンジしていくことが大切だ。「今日で定年退職になります。明日から質素に暮らします」というのは不可能なのだから。

そんな定年後に向けた暮らしのダウンサイジングについて、お金、健康、人づきあいといったテーマごとに要点を解説していこう。

生活水準は上げるな

健康のこと、仕事のこと、家庭生活のこと……考えるべきことはいろいろあるが、最大の関心事はやはり、お金のことだろう。

そこで手はじめにやっておきたいのが、これまでの人生を振り返ってみることだ。会社の経営において決算が重要なように、人生においても決算は大切だ。現在、自分の資産はどれくらいあり、入ってくるお金と出ていくお金はどうなっているか、きちんと整理してみよう。入ってくるお金より出ていくお金のほうが多ければ立ち行かなくなるのは、企業でも人生でも同じことである。

そうした振り返りを土台に、収入が減ることを見越して生活を変えていこう。貯蓄も1つの方法だが、いまの生活の無駄を見直し、生活水準を下げていく工夫をはじめることも重要だ。要は「人生」を経営するうえでの無駄を省くということである。第2ハーフに向けて、第1ハーフのうちに新しい経営戦略を練っておかなければならない。すでに第2ハーフに突入しているのであれば、いますぐにでも見直しに取り組むべきだ。

たとえば第2ハーフで無駄になるものの筆頭にクルマがある。子どもが成長して家族で出かける機会もめっきり減り、週末の買い物か、たまに夫婦でドライブをする程度であれば、大型のSUVや7〜8人も乗れるミニバンは必要ない。軽自動車でも十分だが、それではちょっと物足りないと思うのであれば、せめて1000〜1500cc程度のコンパクトカーに乗り換えたい。

一般乗用車の自動車税は、エンジンの排気量によって金額が決まる。毎年払う自動車税は、1000ccまでが2万9500円、以後500ccごとに4500cc超まで、4500cc超6000cc以下、そして6000cc超と10段階あり、排気量が大きくなるほど高くなる（軽自動車税は原則一律で年間1万800円）。

クルマにかかる税金はそれだけではない。購入時にかかるのは、購入金額によって税額が変わる自動車取得税だ。車体重量が大きくなるほど高くなる自動車重量税は、新車登録時と毎回の車検時に支払わなければならない。つまり、大型で排気量が大きい高級車ほど税金は高くなるわけだ。年に1回、あるいは車検時に支払う税金は、定年後の暮らしにガツンとこたえるだろう。

仕事や家庭の事情でクルマを手離せない場合もあるだろうが、本来、定年後はどのタイミングで免許を返納するかを考えなければならない。どうせ乗るのは週末くらいというのなら、いっそマイカーを処分してレンタカーやカーシェアリングを利用する選択肢もある。クルマがなければ外出の機会が減り、外食などの遊興費も減るだろう。

住まいについても同じことがいえる。子どもが2〜3人もいればそれなりの部屋数が必要だが、子どもが巣立って夫婦2人の生活になったら大きな家は必要ない。いまの家の部屋数を減らしたり、2階部分をなくしたりといった減築リフォームという手法もあるが、間取りを変えるほど大がかりになると、軽く1000万円はかかるようだ。その費用を考えたら、いまの家を売り払い、もっと小さな家やこぢんまりとしたマンションに住み替えることも検討に値する。

家にかかる経費の代表格に固定資産税がある。税額は国土交通省が定める土地の公的価格や家の時価をもとに算出されるので、地域による違いはあるが、単純にいえば、同じエリアで築年数が同じなら、土地が狭く小さい家のほうが安くなるということだ。部屋数が減れば、そのぶん照明や冷暖房用の光熱費の節約にもなる。

ただし、戸建てからマンションへの住み替えには注意が必要だ。マンションは1つの敷地を複数の世帯で分けるため、土地そのものの面積は狭くなる。しかし建物自体の減価償却年数は、戸建て22年に対しマンションは47年。つまり戸建ては20年もすれば土地そのものにしか税金がかからなくなるのに対し、マンションは40年経っても資産価値があるとみなされる。したがって、住み慣れた郊外の戸建てを売って都心に近い小さなマンションに移ったら、かえって税金が高くなる可能性が高い。さらにマンションでは管理費や修繕積立金も必要だ。クルマがあれば駐車場代もかかる。月々の出費は戸建てのときより高くなる。

しかしこれも考えようだ。マンションでは管理費を払うのと引き換えに、ゴミ出しや玄関先の掃除といった日常の手間は大幅に減る。セキュリティー対策や耐震性、バリアフリーといった面でもすでに対応している物件がほとんどだ。また一般的にマンションは駅やバス停、スーパーや医療機関が近い便利な場所にあり、交通費や時間の節約にもつながる。

クルマにしろ家にしろ、大きいほどよけいな経費がかかるものだ。夫婦２人で暮らす第２ハーフでは、ある意味新婚時代に戻ったつもりで、コンパクトな生活を心がけたい。

もう１つの選択肢としては、地方への移住も考えられる。

前項でも参照した総務省統計局の平成28年版「家計調査」には、都市部と地方の生活費の違いも掲出されている。それによると、2人以上の世帯の1カ月の生活費は、東京都区部33万3331円に対し、札幌市は27万9190円、最近移住者が増えていることで注目される鳥取市は26万6115円だった。もちろん札幌は冬の暖房費が高くなるとか、鳥取ではクルマが手離せないなど地域による違いはあるにしても、都市部から地方に移るだけで生活費がかなり安くなる家庭は少なくない。

私の知人でK君という人物がいる。彼は大手自動車会社で設計の仕事をしていたが、50歳を機に故郷へのUターンを決め、55歳で実行に移した。以前は神奈川県でマンション生活だったが、いまは地方都市の郊外に新築した40坪ほどの家に夫婦で暮らしている。その結果、固定資産税はマンション時代の12万円から5万円に激減した。さらにソーラーパネルで電気を賄《まかな》い、暖房用の薪《まき》ストーブには知り合いの山から出る間伐材をタダで譲ってもらっている。ご近所から野菜や果物も分けてもらえる。おかげで肉や魚、調味料以外ほとんど買う必要がなくなり、生活費は以前の半分ほどになった実感があるという。

都会から地方に移り住むとなると、家族を説得しなくてはならないだろう。それにK君のように家を建てるとなると数年がかりの準備が必要になるが、一考する価値は十分にあると私は考えている。

◪宝くじは買ってはいけない

庶民のささやかな夢、宝くじ。年末ともなれば売り場には長蛇の列ができ、年の瀬の風物詩としてニュースにもなる。1等が当たれば数億円、外れても10枚に1枚は末等300円が当たると思えば、無駄づかいの罪悪感は少ない。「もし当たったら何に使おうか」と、つかのまの夢を見るのを楽しみに、毎回購入している人も多いだろう。

しかし、宝くじがギャンブルの一種だという認識はお持ちだろうか。ギャンブルはお金に相当余裕があるときに、余暇としてたしなむべきものである。たとえ年に1回程度とはいえ、毎度のように何千円、何万円もつぎ込むのはかなり心苦しくないだろうか。できるだけ無駄を省きたい第2ハーフの生活で、ギャンブルは最も避けたいものの1つだ。

かくいう私も、若い頃はそれなりにギャンブルを楽しんだ。のめり込むことはなかったが、海外営業の時代にはカジノにも行った。眩《まぶ》しく輝くネオンサイン、ゴージャスなホテル、華やかなショー。しかしその豪華な施設はすべて負けた人の金でできているのを忘れてはいけない。数年前、大手製紙会社の創業家出身経営者がカジノで負け、100億円を超える金を子会社から不正に引き出していた事件があった。あのときの100億円超もまた不夜城の一部に消えたということだ。

ギャンブルとは、金銭や品物を賭けて勝負をする遊技のことを指す。負けると賭けた金品を失い、勝てば相手の分まで手に入れる。ただし、勝った者がどれだけ手に入れられるかは事前のルールで決まっている。決めるのはそのギャンブルの主催者、すなわち胴元だ。さらに主催者はすべての参加者から手数料という名目の、いわゆる寺銭を徴収する。つまり勝者もまた手数料の一部を払っているのであって、賭け金がまるまるフトコロに戻ってくるわけではない。

ギャンブルの売り上げにおける手数料の割合を控除率、参加者に払い戻される割合を還元率という。日本における各種ギャンブル（宝くじも含めて）の控除率：還元率の割合を見てみると、

・宝くじ……約55％：約45％（還元率が50％を超えてはならないという法律がある）
・中央競馬……20〜30％：70〜80％（レースや賭け方により異なる）
・競輪・オートレース……30％：70％（公益財団法人JKAの資料より）
・パチンコ……10〜15％：85〜90％（店によって異なる。ただし換金するのは本来違法）

日本のギャンブルの還元率は世界的に見ても低いといわれるが、なかでも宝くじは突出して低いのがわかる。たまに数万円当たったとしても、長い目で見ればたいていの人の収支はマイナスにしかならない。最終的に潤うのは主催者だけということだ。

ちなみに寺銭とは、江戸時代に境内を博打の場として提供してくれた寺社に、主催者が謝礼を支払っていたことからこの名がついた。昔は寺社が、いまは国や地方自治体がギャンブルを提供しているということだ。

私もギャンブルすべてが悪いとはいわない。たまの娯楽として少額を投じる程度であれば問題ないだろう。若い人であれば、負けが込んで「もうこんな目に遭うのはこりごりだ」と心を入れ替えるきっかけになるなら、悪いことばかりではない。

しかし現実を見ると、ほかにやることもなく昼間からパチンコ台にかじりついている高齢者は少なくない。前出の「家計調査」を見ると、65歳以上の無職夫婦の「教養娯楽費」は1カ月で2万6000円ほどだ。これは、家計全体の11・1％に相当する。すでに子育ても終わり、家やクルマのローンも払い終えているとはいえ、決してゆとりがあるわけではない。そこからギャンブルに注ぎ込むのは無駄でしかない。

そうまでしてギャンブルがやめられない理由には、ほかにやることがないという以外に、やはり依存性の高さを疑うべきだろう。

2016年末に国会で成立した「IR推進法案」、通称カジノ法案の審議において、「ギャンブル依存症が疑われるのは320万人」という厚生労働省の推計が発表されて問題になった。なかでも最も依存者が多いのはパチンコ・スロットだ。繁華街のいたるところにパチンコ店がある日本は、諸外国に比べてギャンブル依存症を生みやすいといわれている。

北海道立精神保健福祉センターの調査では、「ギャンブル依存症」と診断できるほど病的な状態の人のなかには、うつ病やアルコール依存症を併発している人も少なくないというから、身近に際限なくギャンブルにのめり込んでいる高齢者がいたら、ほかの病気も疑ってみるべきかもしれない。

ギャンブルは勝負事だ。勝てば次はもっと勝ちたいと思い、負ければ今度こそ負けを取り戻そうと思う。勝っても負けても次第に強い刺激を求めるようになり、その結果が依存症というのではあまりに悲しい。

あらためて思う。ギャンブルは本当に楽しいのだろうか?

そんな人には私は「暇があるなら、仕事をしなさい」といいたい。そもそも人間は、生涯を通じて働くために生きている。このときの「働く」は、「高収入を得る」とか「成功する」という意味ではない。第2ハーフの働くことの意義はそれとは別にある。

ヒトは、自分が誰かの役に立っていると思うことで幸せを感じられる生き物だ。幸せになると、精神的にポジティブになれる。規則正しい生活を心がけるから、肉体的にも健康にいい。確かにギャンブルは刺激的かもしれないが、働くことで得られるのはそれ以上の喜びや充実感だ。

人生は第2ハーフになってはじめて、待遇や金額よりも、やりがいや生きがいを基準にした働き方ができるようになる。ギャンブルなどという無駄な遊びに貴重なお金と時間を費やしている暇はないのである。

年金はあてにできないもの

若い世代には「自分たちが高齢者になっても年金はもらえない」という漠然とした不安があるようだが、現在の40～50代、それも大企業に勤めているビジネスマンであれば、金額は少なくとも、それなりにもらえると思っているのではないだろうか。

かつての日本社会では親子が同居し、子が親の面倒をみるのが当たり前だった。しかし高度成長期になって親と別居する世帯が増え、親への資金援助にも限界が出てきた。さらに自分たち子ども世代も、やがては歳をとって働けなくなる。そうした際の支えとして考案されたのが年金という制度だ。いわば国によって強制された、一種の〝老後のための貯金〟である。

しかし「老後は年金で悠々自適に暮らせる」というのは大いなる幻想だ。第1章でも触れたように、厚生労働省が描くモデルケースでは、企業を定年退職した夫と専業主婦の妻で月に合計22万1277円（2017年6月支給）。しかし現在の平均支給額は、国民年金が約5万5000円、厚生年金が約14万7000円と、足して20万円をやっと超える程度。モデルケースの国民年金は40年間保険料を払った場合の満額だし、厚生年金も加入期間や報酬の違いでもっと少ない人もいる。やはり第2ハーフも生活の柱は労働収入であり、年金は下支え程度と思うべきだろう。

私は、年金制度はいずれ破綻すると思っている。少子化による人口減少と高齢者の増加、経済成長の停滞や減衰による労働人口の減少……。働く世代の保険料で高齢者を支えるという当初の制度設計はとっくに崩れている。政府もこれまで支給の減額や厚生年金の被保険者資格の延長など、さまざまな方法で見直しを図ってきたが、それでも数十年後まで持続可能な制度になったとはいいがたい。

なかでもいちばんの変化が、2001年からはじまった積立金の自主運用だろう。現在、年金積立金の管理・運用を担っている年金積立金管理運用独立行政法人（GPIF）の資料を見ると、2016年度の運用収益は7・9兆円とある。その前年に支払われた年金総額が54兆6000億円なので、多少は足しになっているように見えるが、そう簡単ではない。

GPIFの資産運用の内訳を見ると、2017年3月末の段階で国内債券と株式が約55%、外国債券と株式で約36%（残り9%は短期資産）。つまり国内の景気だけでなく、海外の景気や為替相場によっても収益が大きく左右されるということであり、実際2016年には5・3兆円の赤字を出して大きな問題になった。いまは好調なアメリカ経済に引っ張られて国内経済も好調だが、この先どんな情勢の変化が起こるかわからない。それによってはいまの年金積立金がすべて吹き飛ぶこともあり得るのだ。

これは公的年金の状況だが、企業年金はどうだろう。

そもそも会社勤めをしていると定年退職時に退職金がもらえるが、これは高度成長期に物価上昇と同じスピードで賃金を上げられなかった企業が、その分を退職時にまとめて支払うことにしたのがはじまりだ。いわば賃金の後払いである。やがて日本人の寿命が延びるにつれ、退職金は社員の老後の生活保障という役割も担うようになった。

そこで生まれたのが企業年金だ。企業にとっては退職金として一度に大金を支払う必要がなくなる、というメリットがあり、余った資金を運用して利益を分配するといえば社員の理解も得やすかった。

しかしバブルの崩壊で運用の状況は悪化した。年金に必要な原資が準備できない企業も出てきたことから、2001年に国によっていまの企業年金制度がつくられた。会計基準の国際化で、年金の積み立て不足が経営内容のマイナスと評価されるようになったため、大企業の多くは新制度へと移行したが、負担増を嫌って企業年金を廃止する企業も少なくなかった。現在、企業年金制度を運用しているのは、歴史がある大企業がほとんどで、新興企業や中小・零細企業には制度そのものがないことが多い。

いうまでもなく、企業年金は一種の私的な年金だから、会社の経営状態によっては減額されることもある。

2010年1月に会社更生法の適用を申請した日本航空（JAL）の例がわかりやすいだろう。経営再建に向け大規模なリストラを予定していたJALだが、企業年金のための積立金が3300億円余り不足していた。そこで年金の支払額を、現役社員は5割、OB

は３割削減することを提案したのだ。受け入れなければ会社がなくなり、失業するかもしれない現役社員と違い、生活を年金に頼っていたOBの抵抗は根強く、その攻防はニュースにもなった。

また、２０１２年に起こったＡＩＪ投資顧問の事件も大きなインパクトがあった。厚生年金基金の資金運用を代行していたＡＩＪ投資顧問が、預かっていた２１００億円の大半を消失していたことが発覚したのだ。その結果、多くの中小・零細企業の企業年金が減額もしくは廃止となり、厚生年金基金の運用の見直しにもつながった。

さらにここへきて気になる動きも出ている。日本老年学会などが、高齢者の定義をこれまでの65歳以上から75歳以上に変更したのを受け、２０１７年5月、自民党の一億総活躍推進本部が「65歳までは完全現役、70歳まではほぼ現役」という提言を発表したのだ。それによって高齢者も働ける環境が整うとすれば喜ばしいことだが、一方でこれは年金支給開始年齢を引き上げる布石とも見られている。

現在、企業には雇用延長の制度があるが、おおむね65歳まで。もともと定年から年金支給開始までの空白を埋めるために生まれた制度だが、支給開始が70歳からになれば、再び5年間の空白期間が生まれることになる。果たして、70歳まで雇用を延長しようという企業はどのくらいあるだろう。

いずれにしても年金には頼れない。というより、頼るなというべきだろうか。やはり第1ハーフからはじめる生活のダウンサイジングと、元気でいる限り働いて収入を得るという態勢で備えるしかないだろう。

第2ハーフでは生命保険の目的が変わる

自分に万が一のことがあったとき、残された家族が路頭に迷うことがないようにしたいと思うのは当然のこと。そのために生命保険に入っておくことは、とくに第1ハーフでは絶対に必要だ。しかし第2ハーフではどうだろう。

日本は世界有数の長寿国だ。2016年の日本人の平均寿命は男性80・98歳、女性87・14歳。さらに厚生労働省の平成28年版「簡易生命表」で、実際に長生きする人がどれくらいかを見ると、男性で75歳まで生存するのは75・1%、女性87・8%。90歳までは男性25・6%、女性49・9%とある。つまり、男性の4人に1人、女性の2人に1人が90歳まで生きるということだ。

もし80歳、90歳で死んだとき、数千万円の保険が下りることに果たしてどんな意味があるのだろう。最愛の妻（夫）のためというのはわかるが、その歳になれば相手のほうが先立っていることもあるだろう。そこにうっかり大金を残したら、子どもや孫まで巻き込んだ争いの原因になりかねないのではないだろうか。

そもそも60歳を過ぎてから加入できる生命保険は少ない。シニアのための保険比較サイトを調べると、70歳、80歳でも加入できると謳っている保険商品は見つかるものの、やはり高齢者ほど月々の保険料が割高であることが多い。あるいは、持病による制限があったり、10年、20年と決められた払込期間中に一定金額を払わなければいけなかったりと、細かな条件が設定されている。もちろん死後にお金を残したい家庭の事情とか、小金があるうちに一括して保険料を払っておこうということもあるので、一概に入るなとはいわないが、基本的に高齢者に高額の生命保険は不要だろう。

とはいえ自分が死んだあとに、どうしても必要になるお金がある。葬儀費用だ。

私自身は、自分に葬儀は不要と考えている。「どうせ自分は死んでいるのだから、やりやすいように処理してもらって構わない」という人もいるだろう。しかし、遺族にとってはそう簡単に済ませられない問題なのだ。

首都圏での葬儀にかかる費用は平均で約１９０万円、家族葬でも50万円ほど。どんなに小さな葬儀にしても、それなりの出費になる。故人の預貯金をあてにできればよいが、それらは相続財産としてすぐに凍結されてしまい、遺産分割協議が済むまで手を付けることができない。「葬儀費用の支払いに困った」という話は、とてもよく耳にするものだ。

その点、保険金であれば指名された受取人がすぐに使えるというメリットがある。生命保険だけでなく、最近では月々数千円を1年間程度払うだけで、最大数百万円を受け取れる葬儀保険もある。そもそも生命保険とは、17世紀のイギリスで葬式代を賄うためにみんなでお金を出し合い、積み立てたことが起源だそうだから、葬儀保険は本来のあり方に戻ったサービスといえるかもしれない。私も葬儀は不要といいつつ、70歳近くなって満期になった保険を見直した際、死後に100万円だけ残すことにした。あとに残る家族へのサービスというつもりで、それで葬儀を営んでもらおうと考えたのだ。

高齢者に必要とされる保険に、医療保険もある。

加齢に伴いさまざまな病気が出てくるのは致し方ない現実だ。再び「家計調査」を見てみよう。

2人以上の世帯で月々支払う保険医療費の平均は、50代の約1万1000円に対し60〜

70代は約1万５０００円。収入が減ることを思うと痛い出費だが、医療費の自己負担は70歳になると年収３７０万円以下は2割に、75歳を超えると1割まで減るので、それまでの我慢ともいえる。

だが本当に大切なのは、病の芽をいち早く見つけて治療する、先手必勝の姿勢だと思う。早めに治療すれば手術でつらい思いをしなくていいし、費用も安く済む。そして無事に完治したら、再発の防止に努める。だから私は30代の頃から、欠かさず年2回は、自費で人間ドックに入っている。ふだんの生活では、かかりつけの病院で、健康保険の範囲で治療を受ければ十分だと思っている。

保険というテーマに戻ろう。

先にも書いた通り、高齢者になるとどうしても医療費の負担が大きくなる。がんや脳血管疾患など重篤な病気にもかかりやすくなる。とはいえ、幸いにも高齢になると、若い頃に比べて病気の進行が遅くなるため、ちょっとしたポリープや脳梗塞の兆しが見つかっても経過観察で済むことが多い。手術しなくてはならないとか、高価な投薬治療や頻繁な通院が必要になった場合は、医療保険に入っていればその分の出費を補うことができる。なかには働けなくなったときの休業保障付きの保険もあるので、無理のない範囲で入っておくのは悪いことではない。

また、最近は医療の進歩に伴って、保険の適用外となる先進医療が数多く登場し、高額にもかかわらず治療を希望する患者さんは増えている。その代表的な例としてよく挙げられるのが、がんの「重粒子線治療」で費用は約300万円。あるいは、多くの高齢者が受ける白内障手術の「多焦点眼内レンズを用いた水晶体再建術」は約50万円。確かに自費で払うには大きな金額だ。そこで登場したのが医療保険やがん保険の「先進医療特約」だ。現在払っている保険料に月々100円程度をプラスするだけで、先進医療に対応した保障が得られるとあって、高齢者にも人気だという。

だが、その特約は本当に必要なのだろうか。そもそも先進医療とは、治療法が確立され、安全性もほぼ確かめられているが「将来的な保険導入のための評価をおこなうものとして、未だ保険診療の対象に至らない先進的な医療技術」（厚生労働省ホームページより抜粋）を指す。つまり近い将来、保険適用になる可能性があるということだ。

もっとも、万が一のお守りのようなものと思って月々100円払うのは私も否定しない。自分に合う医療保険に入って安心が得られ、それで長く働き続けられるなら安いものだ。

▨老後資金は「貯める」より「稼ぐ」

若くても歳をとっても、貯金は大切だ。しかし私は「老後の蓄えとしての貯金」というのは少し違うと思っている。

「定年退職後の生活費は平均で月27万円。30年で1億円が必要」といった雑誌記事をよく見かけるが、そのうち5000万～8000万円は公的年金で賄えることになっている。そうなると「不足分の2000万～5000万円をあらかじめ貯金しておかないと大変だ」という発想に陥りがちだ。

本当にそうだろうか。これは「老後は働かない」という前提から生まれた発想であって、第2ハーフもしっかり働く前提であれば、数千万円もの大金を貯める必要はないだろう。

それでは何のために貯金をするのかといえば、やはりケガや病気で働けなくなったときのためだろう。あくまで非常時のための資金だ。そう考えると、貯金額は極端にいえば1年間何もしなくても暮らせる程度――年収相当もあれば十分ではないだろうか。毎月の生活費が27万円前後だとすれば、およそ300万円ということになる。

家計の柱は労働収入とし、年金はあくまで補助的に捉える。貯金が少ないと悩む暇があったら、収入を増やす方法を考えたほうがいい。定年後も働き続けてそれなりの収入が得られるなら、「老後はこれだけの蓄えがないと暮らせない」という計算は必要ないということだ。

金利が高く、銀行に預けておくだけでそこそこの利子が得られた時代と違い、いまはお金を貯めておくだけでは意味がない。むしろどんどん使って社会に還元してこそ意味があるのではないだろうか。

内閣府の平成29年版「高齢社会白書」によれば、全世帯の貯蓄額が1054万円であるのに対し、世帯主が60歳以上の世帯は1・5倍の約1600万円（いずれも中央値）。また、中央三井トラスト・ホールディングスのレポートによると、日本の金融資産の56％を60歳以上の高齢者が保有しているという。

いつ使うかわからない大金を持っているために、犯罪に巻き込まれる可能性があることも忘れてはならない。いわゆる振り込め詐欺《さぎ》や悪質商法などのトラブルだ。

警察庁の統計では、2016年の振り込め詐欺の認知件数は1万3605件、総被害額は約375億円。被害者の83・2％が60歳以上だが、オレオレ詐欺に限ってみると98・6％、還付金等詐欺では97・7％が60歳以上だった。また、2016年度に国民生活センターに寄せられた70歳以上の人からの相談は18万3000件余りあった。内容は電話勧誘販売に関する相談が最も多く15・4％、次いで家庭訪問販売が13・3％と続く。高齢者は自宅にいることが多いため、こうした被害に遭いやすいとみられている。

犯罪以外に遺産相続の問題もある。近頃は親の遺産を巡って家族が争うのを「相続」ならぬ「争続」というそうだ。少々古いデータになるが、裁判所の「遺産分割事件表」を見ると、平成12年に全国の家庭裁判所に持ち込まれた相続に関する事件は１万２５７７件。さぞかし高額な遺産を巡っての争いかと思いきや、解決した判決のうち約75％が５０００万円以下の相続だった。

土地家屋も含めての金額と考えると、意外にも庶民的な金額だ。「大金持ちは遺言書を残すから争いになりにくい」とか「そもそも日本には億単位の資産を持つ人が少ないからだ」などともいわれるが、遺産を巡る争いは決して金持ちだけの問題ではないということは肝に銘じておきたい。

「児孫のために美田を買わず」といったのは西郷隆盛だが、自分の死後も家族が仲良く暮らしてほしいと思ったら、よけいな財産は持たず、長く働き続けるのがいちばんということだ。

高収入を目指さない

第2章で書いたことの繰り返しになるが、定年とは要するに「不要になった社員に退場してもらう」ための制度である。別のいい方をするなら、「これまでと同じ給料を払ってまで会社にいてもらいたい人材ではない」と判断されたということ。経営者の立場からすれば「会社にも新陳代謝が必要であり、そのためにはある程度の年齢に達したらいったん退場してもらうしかない」という考えにもなるだろう。世知辛いようだが、やむを得ないことだと思う。

とはいえ働く能力そのものがなくなったわけではない。新しいスキルを身につける能力は45歳をピークに衰え、体力も以前より落ちてはいるが、これまでに培った経験、技能を持ってできる仕事はまだまだある。ただ、すでに労働力としての市場価値は少なくなっているので、第1ハーフと同じ収入・待遇の仕事を望んでも叶わないということだ。

しかし第2ハーフの生活に必要な金額は夫婦で月27万円。子育てやローンが終わり、暮らしのダウンサイジングさえ済ませておけば、困るほどの金額ではない。それに会社という組織のしがらみから離れた身であれば、あとは純粋にやりがいとか社会貢献を基準に働くことができる。

先ほど紹介したK君の例をもう一度挙げてみよう。50歳で故郷にUターンした彼は、ハローワークに通って、地方で職を探すことの厳しさを痛感したという。しかし近所のお年寄りが、草刈りや植木の手入れなどを手伝うだけで感謝してくれるのを見て、お金にはならなくてもダイレクトに誰かの役に立ったり、喜んでもらえたりすることの幸せを実感したという。「会社員時代は『お客さまのため』といいながら、ユーザーとの距離が遠すぎて実感がありませんでした。でもいまは『誰かのために働く』とはこういうことなのかな……という手応えを確かに感じています」とのことだ。

私の会社にも同じようなことをいっている女性がいる。彼女は60代で、子育ても終わり、何か新しいことをやりたいということで入社を志望してきた。給与はどのくらいを希望するか尋ねると、10万でも15万でもかまわないという。採用すると、彼女は毎日楽しそうに出社してきた。「本当に楽しいですか？」と何度も尋ねたのだが、そのたびに「楽しいです」と答える。人材を紹介することで誰かが喜んでくれると思うと、仕事にやりがいがあるというのだ。

他人をだますような仕事は別として、トイレ掃除でも交通誘導でもビルの管理人でも、どんな仕事も貴賤なく、必ず誰かの役に立っている。私が「仕事を選ぶな」というのは、そういう意味でもある。高収入を求めて働いていた第1ハーフではわからなかったことだ。

それに働くことは健康にもいい。定年退職後、無職になった夫が常に家にいることが原因で、妻がストレス症状を訴えるようになるのを「主人在宅ストレス症候群」もしくは「夫源病」というそうだ。逆に不満を抱いた妻から小言を浴びせられ、夫が体調を壊す「妻源病」もあるという。

生活リズムの乱れから起こる病気もある。運動不足による肥満や体調不良はもちろんだが、社会との接点がない孤独感からうつ病になったり、時間を持て余してアルコール依存症になったり、認知症になったりする人もいるという。

そのような状態にならないためにも、思うような仕事が見つからないからと家に閉じこもるのではなく、一日2時間のアルバイトでもいいから、何か社会のためになることをしたほうがいい。それが結局は自分のためにもなるということだ。

借金は定年後まで持ち越さない

年齢がいくつであろうと、無駄な借金はしないに越したことはない。しかし世の中には魅力的な商品情報があふれ、次から次へと新製品が登場する。いまの若者は消費欲が低下しているというが、それでも収入を上回る高価なブランド品にお金を注ぎ込む人は少なくない。

昔は何か欲しいものがあったら生活を切り詰めてお金を貯めて買ったものだ。いまはそんな我慢をする必要はない。なぜならクレジットカードという便利なものがあるからだ。

日本で本格的なクレジットカードの歴史がはじまったのは1961年、日本クレジットビューロー（現在のＪＣＢ）の登場からだ。その後カードの種類はどんどん増え、いまでは各銀行系をはじめ百貨店などの流通系、鉄道会社などの交通系、信販会社系などさまざまな業種の企業がカード事業に参入。一般社団法人日本クレジット協会によると、2017年3月末の時点で発行されているカード枚数は2億7201万枚。成人1人当たり2・6枚持っている計算だという。

確かにクレジットカードは便利だ。現金を持ち歩くより安全だし、電車や飛行機、ホテルでも使える。外出先で突然大きな出費が必要になっても慌てずに済む。また最近はキャッシング機能がついているカードも多く、コンビニのＡＴＭなどでも引き出せるため、突然現金が必要になったときに助かったという経験がある人も多い。

しかし忘れてはいけないのは、クレジットはあくまでもカード会社からの借金だということだ。一括払いでの買い物は別として、キャッシングの場合は金利の支払いが必要になる。ほとんどのカード会社は年率金利を15～18％に設定しているので、仮に年利15％のカードで10万円引き出し、1カ月後に返済するとすれば、10万円×1カ月分の金利1・25％＝1250円の利息が加わることになる。

返済にリボ払いを選ぶことも、銀行口座を利用したカードローンも同じだ。とくにリボ払いは月々の返済額が低く抑えられるため、収入が低い人ほど利用しがちだが、支払う期間が長くなるほど金利も上がる。現役時代の生活水準を保つためにクレジットカードを利用し、返済しきれなくなって自己破産した高齢者が増えている、という週刊誌の記事を読んだこともある。やはりカードでの買い物やキャッシングはできるだけ1回で返済できる金額までとし、リボ払いによる返済は、ちょっと大きな買い物をしたときだけなどと決めておくほうがいいだろう。

クレジットカードについては、最近登場している「ショッピング枠の現金化」という新しい借金の手口にも注意しておきたい。これはショッピング枠で買えるだけの商品を買い、すぐに買い取ってもらって現金化するというもの。換金といっても必ず何割か手数料が取られるので、全額を手にできるわけではないし、返済を分割すると当然カード会社にも利息を払わなくてはいけない。場合によってはカードの利用停止や残金の一括請求といったペナルティーの対象にもなるので、当座の現金が必要になっても安易に利用してはいけない。

もう1つ、高齢者の借金の新たな手法として近年注目されているものに「リバースモーゲージ」がある。これは自宅を担保に融資を受け、死後に売却して返済するというローン商品だ。自宅に住み続けながら年金のように受け取れるので、自宅以外の資産があまりない高齢者にはありがたいシステムだが、注意も必要だ。

というのも、思っていた以上に長生きしたり、不動産価格が下落して融資枠を使い切ってしまうと、融資がストップされたり不足分の追加返済が求められたりするからだ。返済のために家の売却を迫られ、路頭に迷う高齢者もいるという。それでも不足する分は家族が払うことになるのだろうが、そうでなくとも「家」というメインの相続財産がなくなるのだから、利用するにあたっては家族の同意が絶対に必要だ。

このように見ると、やはり定年後も働き続け、何らかの収入を得ることは大切だ。そもそも第1ハーフと違い、第2ハーフでは借金を返せるだけの時間的・経済的なゆとりはない。だから私は、そこそこ大きな買い物でも、できる限り現金で支払うようにしている。

数年前にクルマを買い替えたときも、現金で払える範囲の安いクルマにしたほどだ。

読者のなかには家のローンが60歳過ぎまで残るという人もいるだろう。思い当たる人はすぐに借り換えなどを検討し、少なくとも定年までには完済を目指すべきだろう。

ちなみに不動産情報サイト「アットホーム」が首都圏に住む子持ち男性ビジネスマン320人にアンケートをとったところ、彼らが住宅ローンを完済した期間は平均13・7年だった。当初は平均25年契約でローンを組んだが、「節約」「ボーナス」で繰り上げ返済し、50歳前後で完済した人が多かったという。つまり、やればできるということだ。

日々節約に励み、ボーナスも大半をローンにあて、貴重な退職金も削って完済を目指す生活は、ときには苦しいかもしれないが、第2ハーフに向けて暮らしをダウンサイジングするトレーニングをしていると思えばいい。

前にも述べたが、私は高齢者の最低の条件は「人に迷惑をかけない」ことだと思っている。死後まで残る負債を抱えて、家族に迷惑をかけてしまうのは、あまりに情けない。

「定年前」の人脈は使わない

定年後の仕事に、前職で培った人脈を活かそうと考えている人がいる。ビジネスマンにとって人脈は確かに有用なものだ。しかし、定年前の人脈は仕事に使ってはいけない。というより、ほぼ役に立たないので、あてにしないことをおすすめする。

前職で集めた名刺はすべて捨ててしまおう。定年後は、定年前とまったく違った仕事に就くことも多い。それなのに過去の人脈を引きずっていると、厄介事を持ち込まれることさえある。私も「事業をはじめたいが資金集めに苦労している。誰か紹介してくれないか」などと頼まれることがあった。

定年後の求職者には「これまでの仕事の人間関係は、もう全部ないと思ってください」とアドバイスしている。仕事の人間関係は定年退職を境に必ずといっていいほど切れるからだ。

日本では名刺交換からビジネスがはじまるため、営業職などでは名刺を自らの仕事の証のごとく大切に保管している人も多い。

クラウド名刺管理サービスを提供するＳａｎｓａｎという会社の調査（対象：20～50代の社会人男女３５５名）によれば、社会人になってから今までもらった名刺の総数は１人平均１３８３枚にも上る。定年前の50代ともなると２２８４枚にもなるという。

それだけあるのだから「何かに活かせないか」と思うのもわかるが、相手の身にもなってほしい。たとえばその10％に当たる220人から「人を紹介してください」などと依頼が来たらどうだろう。迷惑以外の何ものでもないはずだ。定年前の名刺を使った依頼や相談は、そのような迷惑行為だと自覚すべきである。

また、なかなか仕事が見つからないからといって、軽々しく前職の人脈を頼るのもいけない。仕事が見つからないのは、自分の市場価値が下がっているからだ。まずそのことを自覚して、第2ハーフでは自分の状況に合わせた職探しを第一に考えなければならない。

想像してみてほしい。自分を紹介するメリットが相手にあるのかどうか。定年後の高齢者を紹介したとして、相手先の会社に喜ばれるだろうか。過去の人脈を使って紹介を頼めば、相手に迷惑をかけることになるのだ。

名刺を捨ててしまえば、他人に迷惑をかけることもなくなるし、もし紹介を頼まれても「名刺は全部捨ててしまいました」と正直にいって断ることができる。

また、名刺を捨てるのは、意識の切り替えのためでもある。

前職の意識を引きずっていて、プラスになることはほとんどない。前職で活躍した人ほど、マイナスが大きくなる。前半戦でハットトリックを決めたサッカー選手が「後半も私は活躍できる」といっても、体力がついていかないのだ。足を引きずってろくに動けなくなっているのに、本人はまだ活躍できると思っているのは迷惑でしかない。

第2ハーフでは、過去は関係ない。前半戦で無得点でも関係ないし、ハットトリックを決めたから「自分はすごい」と思う必要もない。ただ「ああ、ここまで選手を続けて来られてよかった」と思って、後半戦に挑めばいい。第１ハーフと第2ハーフでは自分の市場価値、選べる仕事、活かせる能力、体力など、あらゆるものが違う。その違いを認識して、以前の知識や人脈などを使わずに生きていくことが、第2ハーフを幸せにするコツである。

年賀状も、本当に親しい友人に出すのならいいが、人脈を維持するためのやりとりならやめていい。

リサーチバンクの「年賀状に関する調査」（２０１５年12月）によると、高齢者ほど出す年賀状の枚数が多い。２０１６年の年賀状を１００通以上出す予定と答えたのは50代で13・１％、60代では18・８％もいる。１人当たりの平均で見ても、ネオマーケティングの調査（２０１４年）で50代は51・５枚、60代は63・１枚とある。１枚52円（２０１７年12月15日～２０１８年１月７日）だから、ハガキ代だけで３２７６円。印刷代などを入れれば合計で１万円ほどかかる。80歳まで続けると、20年間で20万円の無駄となる。さらにいえば、添え書きや宛名を書く時間も無駄である。

過去の人脈は捨てるのだから、年に1度とはいえ、年賀状に無駄なお金と時間を使うのはもったいない。過去とどれだけ決別できるか、それが定年後どれだけ幸せになれるかの鍵なのである。

交友関係を大切にするのはいい。高齢者にとって孤立や孤独は禁物なので、人が集まる場所に行くことは必要だ。囲碁や将棋などの趣味仲間、なじみの居酒屋の仲間などは、孤立や孤独を遠ざけてくれる。しかし、第1ハーフの仕事の人間関係を第2ハーフに持ち込むのはやめたほうがいい。

義理と礼を欠くのは高齢者の特権

冠婚葬祭は、社会人にとって一種の〝おつきあい〟の場でもあるから、出席するのが当然であり、礼儀である――そんなふうに考えていないだろうか。冠婚葬祭のうち「冠婚」、つまり子どもの成長の祝いと婚礼は仕事の都合での欠席もやむを得ないが、「葬祭」、つまり葬式と法事は必ず出席しなければならないといった風潮もある。

しかし私は、人生の第2ハーフでは葬式には行かなくていいと考えている。もちろん、家族や親戚など、立場上参列しなければならない葬式は別だ。その場合はむしろ運営を手伝うことが世間体を保つことになるし、人手としても役に立つ。また、学校の同窓生など本当の友人の葬式も、参列しないと心残りだろう。だが仕事上の知人の葬式は、たとえ会社の先輩などであっても、私は一切行かないことにしている。「体調がすぐれない」「最近は足腰が弱っているので」など、高齢者には断る理由はいくらでもあるし、理由をいわずにただ「欠席します」と伝えるだけでもいい。

そもそも冠婚葬祭とは、人生の節目に迎える通過儀礼の総称である。「冠」は元服を指し、もともとは男子の成人の儀式だった。「婚」は婚礼、すなわち結婚式で、日本では家同士の結びつきを強める社会的儀式としての側面があった。「葬」は死者を送る葬式であり、現在でも年賀状の前に喪中ハガキを送る習慣が残るように、葬式後の遺族が喪に服すこともある。「祭」は葬式に続く先祖供養の祭り（祭祀）のことで、仏教で法事と呼ばれるものがそれに当たる。

つまり「葬祭」は故人を偲《しの》ぶ儀式である。弔意を示すなら弔電や供花で伝わるだろう。会社員時代にはお世話になった人だとしても、その関係は定年で終わってしまったのだから、陰からひっそりと冥福を祈ればいいと思う。

女優の中村メイコさんは著書『夫の終い方、妻の終い方』のなかで、「芸能人の葬式に必ずいるから『葬式女優』といわれる」と自虐的に書いている。それでも葬式に出席する理由として、「美空ひばりさんや森繁久彌さんなど親しかった『先輩諸氏』が、自らの死をもって生きることの大切さと死が怖くないことを教えてくれたから」と続けている。

一方、哲学者の中島義道さんは著書『「人間嫌い」のルール』のなかで、「誰でもが参列する葬式や通夜に、私は絶対に行かない。とくに有名人や社会的地位のある人の葬儀は、その虚飾に反吐が出る思いである」と書いている。

考え方は人それぞれであり、葬式に参列しない人を非難してはいけない。葬式に参列しない自由もある。私はとくに仕事の義理では葬式に行かないと決めている。「義理を欠く、礼を欠く、恥をかく」のは高齢者の特権である。葬式をおこなうのも参列するのも自由だが、まわりを巻き込まないでもらいたい。

明治から昭和にかけて政財界で活躍し、九州電力を設立して「電力の鬼」と呼ばれた松永安左エ門さんは、遺言で「死後一切の葬儀、法要を拒否」したという。死に際して、周囲に迷惑をかけないことを徹底したその姿勢に、私は強く共感する。

私も自分の葬式に友人、知人が集まることを望んでいない。時間と交通費をかけて私の葬式に来るくらいなら、その時間を仕事に使ってほしいと思う。もしくは翌日の仕事のために休息をとってほしい。そして、心のなかでそっと冥福を祈ってくれたなら、それが私にとって最高の弔いだ。

家族葬が増えているのも、義理で葬式に呼ぶのはやめようという時代の流れだろう。家族葬では通夜や告別式、火葬などは一般葬と同様におこなわれるが、出席者は家族や親戚、本当に親しい友人だけとなる。仕事の関係者などに対しては、故人の遺志として弔問や香典などを断るケースが多い。

２０１６年の公正取引委員会による葬儀業者等へのアンケート調査によると、「増加傾向にある葬儀の種類」において、家族葬がトップだった。取り扱い件数で、有効回答総数の51・1％が「増加傾向にある」としている。逆に「減少傾向にある葬儀の種類」では、一般葬が68・8％、社葬が24・3％と、いわゆる規模の大きな葬式が減少傾向にあるとわかった。

葬式は近親者のみの質素なものに変わってきている。形ばかりの一般葬や社葬だけでなく、家族葬、通夜をおこなわない一日葬、火葬のみを執りおこなう直葬など、選択肢は多様化している。

第２ハーフでは第１ハーフの義理を捨ててしまいなさい、と前項でも書いた。名刺を捨て、年賀状をやめたら、葬式もやめる、あるいは質素にするといい。

故人が本当に魅力的な人柄であったなら、「あの人を偲んでみんなで集まろう」と、自然に人が集まるだろう。そうした会合に出席するのはいいことだ。「奥さんも苦労されましたね」と遺族を励ましたり、「彼とはこんな思い出がある」と互いに慰め合ったりするのがいい。自分が自然と「行きたい」と思う会は、きっと楽しい時間になる。第2ハーフでは「楽しいことだけをする」のがいい。

同窓会に行く・行かないも個人の自由

名刺を捨てろ、年賀状も葬式もやめろ、義理を捨てろといいながら、実は私は高校の同窓会の終身会長をしている。もちろん、自ら立候補したわけではない。嫌だといっていたのに役員にされてしまい、役員会議でやめたいといったら、「郡山を終身会長に！」という動議が出て、その場にいた全員が賛同してしまった。こうなっては、もはや死ぬ以外に逃げられないとあきらめている。

高齢者は同窓会が好きだ。シニア向け宿泊予約サービスの会社、ゆこゆこの「シニアの同窓会に関する調査」（2016年）によると、この1年間の同窓会参加状況は50代で

24・8％、60代で42・5％、70代以上では62・2％にもなる。人間は歳をとればとるほど、同窓会に参加したくなるようだ。70代以上で跳ね上がるのは、雇用延長で働いていた人たちも定年を迎え、暇になったからだろう。

同窓会ビジネスも盛んだ。累積開催実績2000校以上を謳う「同窓会本舗」をはじめ、「同窓会ネット」「笑屋の同窓会」など、同窓会の幹事代行サービスを手がける業者は30社以上。簡単に検索できる比較サイトもある。代行業者に頼むと、名簿の作成から会場手配、案内状の印刷・発送、専用ホームページの作成、出欠管理、名札作成、受付・集金・会場への支払い、司会進行、集合の写真撮影、二次会の手配までやってくれる。同窓会にスポンサーをつけるサービスまであるという。

暇を持て余している退職後の高齢者にとって、旧交を温め合うことは一種の刺激となる。思い出を語り合うのは認知症の改善にも効果があるそうだから、脳のトレーニングにもなる。同窓会は高齢者にとって、旅行や映画鑑賞などと同じ娯楽の1つとなっているのかもしれない。

しかし第2ハーフで仕事を持ち、忙しい日々を送っていたら、同窓会に行く時間的な余裕がない人もいるだろう。そういう人は無理をして行かなくてもいい。「なんとなく続いている年中行事の1つだから、行きたくないけどとりあえず出席」「同窓会に顔を出さないと死んだのではないかと噂を立てられるのが嫌だから」「行かないとあとで先輩や同級生に嫌味をいわれるので仕方なく」といったネガティブな姿勢で参加するくらいなら、行くのをやめるほうがいい。

先ほども挙げた同窓会幹事代行サービスの「笑屋の同窓会」の調査では、定年を迎える60歳を記念しておこなわれることが多い「還暦同窓会」の予算は、1人当たり8000〜3万円にもなるという。節目の年だから通常の会より豪華かもしれないが、定年後の質素倹約のキャッシュフローからすれば大金である。それほどのお金を払うだけの楽しみがそこにあるのだろうか。自問自答してみて迷うなら、やめたほうがいいということだ。

楽しいことならやる。義理やしがらみであればやらない。第2ハーフを生きるうえでは、必ずこの「楽しいかどうか」を選択の基準にして決めるようにしたい。同窓会は楽しいなら行く、楽しくないなら行かない。葬式は行きたければ行けばいいが、弔意を示すだけなら行く必要はない。繰り返しになるが、「義理を欠く、礼を欠く、恥をかく」は高齢者だけに許された特権であることを忘れないでほしい。

同窓会に来ない人を「あいつはなんで来ないんだ」と非難する人もいるが、それは見当違いというものだ。同窓会への参加が義務になってしまったら、そこに新たな義理やしがらみが生まれる。そもそも同窓会という会合自体が形式張ったものなのだが、それでも義理やしがらみは少ないほうがいい。同窓会への参加・不参加は個人の自由と割り切るべきだ。お互いに義理やしがらみから解放し合うのである。

学生時代の友人と会う場は同窓会だけではない。私も同窓会とは別に、学生時代の友人と会ってお酒を飲む機会がたまにある。気のおけない仲間と集まって、居酒屋などで一杯やるのはぜひおすすめしたい。なぜそれが楽しいのかといえば、お互いに会いたいから会っているだけで、義理やしがらみがないからだ。

同窓会の会場では、懐かしい顔が見られて楽しいこともある。しかし、私のように80を超える年齢になると、「○○は昨年、亡くなった」「○○は一昨年」といった話題が多くなる。家に帰ってから思い出して、少しだけネガティブな気持ちになることもある。

それでも私は、同窓会の終身会長を続けている。人間という生き物は、誰かの役に立つことで幸せを感じるもの。集まった友人たちの笑顔を見ることが何よりの幸せと思い、やめてくれといわれない限り終身会長を続けていこうと考えている。

▨子や孫の面倒はみても、みられてはいけない

私が現役でビジネスマンだった頃は、親が定年を迎えたら子が養うという社会構造があった。日本は公的年金も賦課《ふか》方式であり、現役世代の保険料が年金給付の財源となっている。子の世代が親の世代を養う構造になっているのだ。

それは本質的に間違っている。中国から輸入された儒教に「孝」、すなわち「子は親を敬い、親は子を心配する」という考え方があり、その影響で日本でも親孝行が奨励されるようになったに過ぎない。本来、生き物は親のためには何もしない。親は子どもの面倒をみて、子どもは孫の面倒をみる。そうやって世代交代が続いていく。親は、子の犠牲になるのが自然界の基本原理であって、子が親を養う生き物は人間だけである。

したがって、親の面倒はみなくていいし、親は子どもに面倒をみられてはいけない。介護などはしてもいけないし、されてもいけない。子どもは親の犠牲になるべきではない。もちろん私も絶対に介護されない人生を送るために、必死で抵抗している。

健康管理も仕事のうち、といわれたことはないだろうか。第2ハーフでも、仕事をしていると健康管理が必要だ。私はよく病院に行くが、ほとんどが治療ではなく検査のためである。定期的に検査をして、体をメンテナンスし続ければ、重病になりにくい。すると高

齢者であっても要介護者にならずに済む確率が上がる。仕事をすることによって健康を保つのだ。

職場ではなく病院に毎日のように通っている高齢者がいるが、日本の医療費の59・３％に当たる25兆１２７６億円は65歳以上の高齢者が占めており、これが健康保険の財政状況を圧迫している（厚生労働省「平成27年度　国民医療費の概況」より）。私は、高齢者は医療費を10割負担とするべきだと思っている。そうすれば、できるだけ病院に行かないようにと、一生懸命に健康管理をするに違いない。逆に若者は病院に行かないから１割負担として、病院に行かせたほうがいい。

医療費や年金と並んで、介護はいまや社会問題となっている。「介護離職」という言葉ができ、厚生労働省の高齢社会白書（平成29年版）によれば「介護・看護を理由により離職した雇用者数」は平成27年で約９万１００人となっている。うち、女性は約６万６７００人で、全体の74％に当たる。日本という国は、一億総活躍社会を標榜し、女性の社会進出推進を目指しながら、実際は女性に介護の負担を強いているのだ。

また、介護による労働力の損失は社会全体の負担になっている。慶應義塾大学医学部と厚生労働省がおこなった推計では、認知症の社会的負担は年間14・５兆円で、そのうち介護負担は44％に当たる6・4兆円を占めているという。介護離職による貧困や、介護を苦にした心中事件などのニュースもあとを絶たない。

介護保険制度は「高齢者は社会が世話をする」という理念のもとにはじまった。しかし、国庫負担の急激な増加のため、徐々にサービスが制限されていった。現在は在宅介護を促す方向に制度が変更され、「家庭と介護を切り離す」という理念の形骸化が批判されている。平成27年度介護保険法改正では「地域包括ケアシステムの構築と費用負担の公平化」が方針として策定され、特別養護老人ホーム（介護老人福祉施設）について、在宅での生活が困難な中重度の要介護者を支える機能に重点化することや、一定以上の所得のある利用者の自己負担を2割へ引き上げることなどが決められた。

このような社会制度は、早急に見直さなければならないと私は思う。しかし、それをただ待っているわけにはいかない。まずは介護されない人生を目指して、仕事をして健康を維持し、子どもの迷惑にならないよう稼ぐことである。

一方で、親として子どもの面倒はみなければならない。子どもが頼ってきたら世話をするのが親の務めであり、自然界の生き物もそれは同じだ。理想をいえば、家族は少しくらい疎遠なほうがいい。少なくとも、子どもが独立して離れていったのに、親のほうから

「遊びに来い」「孫の顔を見せに来い」などと介入するのはよくない。子どもが親のもとから離れていくのは自然なことなのだと悟り、必要以上に世話を焼くのは避けたほうが賢明だろう。

私の知人で横浜に家を買った人がいる。ところが隣の土地が空いて、そこに親が引っ越してきてしまった。仕方なく親に合鍵を渡したら、留守中でも勝手に家に入ってきてあれこれ世話を焼き、困っているとこぼしていた。「老後の面倒をみることを期待されているようで、すごく嫌だ」と彼はいっている。親としてはいつまでも子どもは子どもという気持ちだろうが、子どもの側からすれば「ありがた迷惑」だろう。何度もいうが、第2ハーフの人生では周囲に迷惑をかけてはいけない。

親を子が養うという儒教的な考え方がある東アジアと違って、欧米では、高齢者は社会が面倒をみるという社会構造になっている。高齢者用の住宅もあり、親は高齢になっても子どもとは分れて暮らすのがふつうだ。それで親子関係が疎遠になるかといえば、そんなことはない。クリスマスや誕生日などにはみんなで集まって楽しいひとときを過ごすし、病気など困ったときにはどんなに離れていても駆けつけてくる。

やはり子どもや孫とは適度な距離を保ち、お互いに自立するのがいちばんいい。そのためには早めに人生設計をして、第2ハーフで仕事をしながら楽しく生きることである。

人に頼らず自分でやるクセをつける

管理職以上、とくに私のような大企業の役員経験者などは、中途採用市場では即戦力と見なされにくい。前章でも述べたように、実務に明るくない人が多いからだ。

「中高年ホワイトカラーの中途採用実態調査」（人材サービス産業協議会、２０１３年）では、企業が「採用時に重視する点」で、65％の「人柄」に次いで「専門職種の知識や経験」が58・7％、「業界での知識や経験」が51・8％となっている。「マネジメント経験」は16・２％、「人脈」は6・3％と、中途採用ではマネジメント能力よりも、現場での知識や経験が求められていることがわかる。

労働政策研究・研修機構の「中小企業における採用と定着」調査（２０１７年）でも、企業側の中途採用の方針として「ポテンシャル採用」が26・０％なのに対し、「即戦力採用」は71・９％。一方で同調査では、管理職確保の方針において「『生え抜き社員』に近い」「どちらかといえば『生え抜き社員』に近い」とした企業が70・２％と、全体の7割を超えた。「どちらかといえば『外部人材』に近い」「『外部人材』に近い」と答えた企業は26・8％。管理職以上は内部育成で確保し、中途入社の社員には現場で即戦力として活躍してもらいたいという企業の本音が浮き彫りになっている。

ある有名な会社の技術開発部門の管理職の男性が、60歳を過ぎて再就職先を探して私の会社にやって来た。その人は「あの製品は私が手がけた」「この製品も私が手がけた」「年収1000万円が最低ライン」などと、輝かしい経歴と厳しい再就職の条件をいう。しかしよく聞いてみると、彼のやってきた「技術開発」は主に外注管理であり、自分1人では何もつくることができない。大きな会社の商品開発はほとんどが分業化されており、技術開発部門のトップに立っていたといっても、彼自身はマネジメントしかしていなかったのだ。彼は再就職でも技術開発部門の管理職を希望していたが、「残念ながら、そういう求人はまず見つかりません」と率直にお伝えした。

営業職でも事情は同じだ。商品と業界を詳細に把握し、自分で市場の開拓ができるくらいでなければ評価されない。「人脈とコミュニケーション能力があるからモノなら何でも売れる自信がある」という人材が通用する時代ではなくなったのだ。

しかし転職希望者のなかでも、特別なスキルがある人は別だ。

ある会社の営業部長だった人の例をご紹介しよう。その人は前職でアパレル関係のｅコマース事業を担当していた。話してみると、インターネットを介した販売システムに関しての知識と経験が豊富だった。社内のマネジメントだけでなく、自らシステムの運営にも携わっていたという。業界知識と商品知識もある。彼はほどなくして、希望通り雑貨を製造販売する会社の営業部門に転職が決まった。アパレルと雑貨という近しい業種だったこと、さらにeコマースにおいてサイズや色の説明、返品など、丁寧な顧客対応が求められた前職の経験が評価されたのだろう。

このように、企業が求める「即戦力」とは、実務ができる人のことを指す。だから第1ハーフのうちから、身のまわりのことは「何事も自分でやる」ということを意識しておくことが重要だ。

「何事も」のなかには、仕事だけでなく、家事なども含まれる。掃除をする。洗濯をする。裁縫をする。自分の食事は自分でつくる。出張の荷物は自分で用意する。私も若い頃は妻に海外出張の準備を頼んでいたが、必要なものが入っていなかったという失敗が何度かあり、以来、荷づくりは自分でするように意識を変えた。

そのためには家でも洗濯物を自分でたたんでしまっておく（管理する）必要が出てくる。しかし何でも自分でできるのであれば、急な長期出張や単身赴任でも困ることはない。40

〜50代のビジネスマンは、いまのうちからそうした生活習慣に改めておくことをおすすめしたい。

定年後の再就職活動でも、自分で考えて自分で動く人はすぐに採用されやすい。人材紹介の際に「その会社はどんな会社ですか？」「経営状態はどうですか？」「配属先はどのような位置づけですか？」など、必要以上に情報を欲しがる候補者がいるが、そういう人はたいてい決まらない。

決まる人は、相手の会社名とポジションの情報だけ知って、あとはその会社の主力商品や組織、経営状態、そのポジションで求められる能力まで、自分で調べる。現代は会社の情報がインターネットなどでも公開されていて、調べやすい環境なのだから、必要な情報を自分で集めて、自分で決断するのもたやすいはずだ。

再就職市場では自分自身は商品の1つであり、相手の会社が顧客になる。商品管理と市場分析を自分1人でできる人は、自分という商品を確実に売ることができるのだ。

資格を取っても仕事につなげるのは難しい

転職や再就職のために資格取得を目指す人がいるが、役立つのは医師や看護師、薬剤師、弁護士、司法書士、行政書士、税理士、公認会計士など、その職務に必須の資格だけであり、ビジネスの世界では無意味だ。日本の大学でも経営学を教えて、卒業すればMBA（経営学修士）と称しているが、実際に役立つことは皆無に等しい。理由は、ビジネスを教えるのに、ビジネスマンが教えていないからだ。理系の大学院卒業か、海外有名大学のMBA以外の資格は無駄である。

また、これらの資格は総じて難易度が高い。50歳で医師国家試験に合格したという話を聞くこともあるが、これは非常に稀《まれ》なケースだと考えるべきだ。

第2章でも述べたように、人間の集中力のピークは43歳前後だといわれている。計算力や暗記力のピークは18～25歳で40代以降は低下していくから、第2ハーフで仕事に役立つ資格を取得できる可能性は極めて低いといっていいだろう。

したがって第2ハーフの勉強は「趣味」と割り切ったほうがいい。自分が楽しむために学びはじめるのは大いに賛成する。語学や文学、歴史、芸術、宗教など、最近の大学は社会人向けのオープンカレッジ講座を数多く開設している。また文部科学白書にも、「生涯学習社会の実現」の項目が設けられている。

生涯学習とは一般には生涯にわたる学習活動を指し、学校教育だけでなく、スポーツやボランティア活動なども含まれる。日本人の生涯学習率は先進国で最低といわれ、教育を受ける機会が20代前半までに集中しているのが特徴だ。しかし、生涯学習への高齢者の関心は高く、2016年2月に発表された内閣府政府広報室の「教育・生涯学習に関する世論調査」では、「社会人となったあとに学校で学んだことはあるか」の質問に対して60代で46・7％、70歳以上で28・5％が「学んだことがある」「学んでみたい」と回答した。

高齢者の生涯学習で最も人気があるのは英語だ。50〜64歳の働いている人を対象としたリクルートライフスタイルの調査（2016年）では「この1年間に実施した学び事・習い事ベスト20」で、男女ともに「英語」がトップであった。「フィットネスクラブ」「ゴルフ」などのスポーツ系や、「フラワーアレンジメント」「ピアノ」「絵画」などの趣味系、「簿記」「ファイナンシャルプランナー」「ワード・エクセル」などのビジネス系が上位となり、語学では「中国語」や「韓国語」がランクインしている。こうした学習機会は高齢者にとって社会との接点となり得る。趣味として本人が楽しむだけなら、人と交わるためにもいいだろう。

一方、資格試験に挑戦するために勉強をはじめる人も多い。高齢者に人気のマンション管理士の受験者数は2016年で1万3737人。英語検定の受験者は、大学生以下を除いても34万7937人（2016年）に上る。ただし、資格取得も趣味の一環としてならいいが、仕事のためにというのはやめたほうがいい。TOEICの点数を上げて再就職に役立てようなどと考えても、前述したように45歳を超えると新しいスキルは身につかない。そんな時間があるなら、仕事をしていたほうがよほど社会の役に立つ。

そもそも定年後に「暇になったから」と勉強をはじめ、それで取れるような資格は難易度が低いと考えるべきだ。そんな資格を取っても、再就職の際のアピールになったり、収入増につながったりはしない。だからといって、計算力や記憶力、集中力が落ちた高齢者が、弁護士や公認会計士のような難関資格に挑むこともまたお金と時間の無駄である。

ビジネスは本質的に金儲けのためにするものであり、お金を儲ける能力に対して「○級」「○○士」のような資格を与えることができないのは明白だろう。したがってビジネスの世界では、ほかのどんな資格を持っていたとしても、金儲けにはほとんど役立たない。第2ハーフにおけるビジネスの勉強は、仕事を通じておこなわれる。いろいろな人と会って影響を受けたり、仕事上のトラブルに直面して解決したりしながら、実体験で学んでいくものなのだ。

仕事をすることで人や社会と関わり続けるなかには、喜びもあれば、悲しみや苦しみも味わうだろう。そのような体験によって人生は充実し、人は成長するのである。私は定年後に資格取得を目指して学んだことはないが、60歳の自分と比べても、いまの自分が成長していると感じている。

「学び直し」でも身にはつきにくい

高齢者に英語の学習が人気だと前項で述べた。しかし、当然だが人間は若いほうがより早く言語を習得することができる。言語学習にも、適した年齢があるということだ。

言語学者チョムスキーの説によれば、人間が言語を習得する能力は出生と同時にはじまり、2〜6歳半でピークを迎え、思春期を迎える頃にはその能力を失ってしまうという。幼い子どもが人気アニメのキャラクターを何百個も覚えていたり、全国の鉄道の駅名を諳《そら》んじたりして驚かされることがあるが、それくらい幼児の言語獲得能力は計り知れないということだ。さらに外国語を母国語のように正しい発音で話せるようになるには、9歳までに学びはじめる必要があるという。

文部科学省は、2014年に発表した「グローバル化に対応した英語教育改革の五つの提言」で、「国際共通語である英語力の向上は日本の将来にとって極めて重要」な取組みであると位置づけ、早期の英語教育をさらに推し進める方針を打ち出した。小学校での英語教育は、5・6年生を対象に、すでに2008年度からはじまっているが、2020年度からは小学校3年生から必修化するという。3年生まで年齢を下げたのは、先に紹介した「言語を学習する能力は9歳まで」ということを意識したからだろう。

一方、ビジネス英語の能力検定としてスタンダードになりつつあるTOEICは、2016年に全世界で271万4300人が受験した。このうち61・3%は25歳以下だが、残りの38・7%はそれ以上の年齢、つまり社会人ということだ。また、日本では大学が社会人向けの英語講座を多数開設している。早稲田大学のオープンカレッジでは、早稲田校の英語だけで年間163もの講座がある（2017年度）。

英語からは少し離れるが、社会人向けの公開講座は盛況で、文部科学省の調査によると2015年度には968の大学が設置しており、172万8387人が受講している。2018年を境に18歳人口が大幅に減るため、大学の淘汰が本格化するともいわれている。この「2018年問題」により経営難に陥るリスクを抱えている大学にとって、社会人向けの公開講座は新たな収入源として期待されているのだ。

そんな大学の動きを後押しするように、文部科学省は「社会人の学び直し」を推進しようとしている。政府は2017年9月に一億総活躍社会の実現を目指して「人生100年時代構想会議」を発足させた。「いくつになっても学び直しができ、新しいことにチャレンジできる社会」をつくりたいとしている。さらに同年10月には、構想会議での検討をまとめた『「社会人基礎力」の見直しについて』という資料を公表した。それには、検討項目として、大学をすべての人に開き、実践的な職業教育の拡充を図る必要があると書かれている。社会人が仕事に必要な知識や技術を学び直すために、大学が活動するというのだ。

実にバカげている。これほど間違った話を見過ごすわけにはいかない。

そもそも日本の大学は学問の研究・教育機関であり、教養を深める場として日本の発展に大きな貢献をしている。しかし、社会人が本当に必要とする知識や技術は教えられない。なぜなら大学では、どんな仕事にも必要な「実務をこなしながらスキルを向上させる」という実践的な訓練ができないからだ。社会人が大学に再度入学したところで、教養を深めることはできても、実務者としての能力を向上させるのはまず無理だ。

また、政府は「いくつになっても学べる」というが、ここで想定している「社会人」とは第1ハーフの社会人を指しており、第2ハーフの社会人は含まれていないと考えるのが適切だろう。というのも、第2ハーフでは新しいことを学習しようとしてもほとんど身につかないからだ。記憶力のピークはとっくに過ぎ、集中力も落ちていることを自覚しなければいけない。

45歳を過ぎたらどんな学びもなかなか身につかないのだから、高齢者はあえて学び直す必要などない。新しいことは学べなくても、社会の大きな部分の動きはあまり変化しないから、高齢者はいままでの知識と経験で十分に仕事をしていける。第1ハーフを終えた高齢者は、社会についてはよくわかっている。どんな時代にも求められるような、変化しない仕事を見つけて、それに積極的に取り組めばいい。

定年退職して時間を持て余している人が大学と関係を持つのであれば、学びに行くのではなく、逆に教えに行くべきではないだろうか。学生ではなく、講師になるのだ。

大学側も、社会人の基礎を学校で教えるというなら、講師として高齢者を積極的に採用すればいい。電話のとり方、挨拶の仕方、会社の仕組み、稟議書や企画提案書の書き方など、社会人の基礎スキルを教えるのは、現状では企業に委ねられているが、それを大学で高齢者が教えるようにすれば、個々の企業が新入社員の研修に費やしている膨大な時間や経費を高齢者の再雇用に転換できる。企業の負担は減り、高齢者の雇用機会を増やすことにもつながる。まさに一挙両得である。

こうした社会構造の改革に政府が関与すると、たいていは「新たな教育機関をつくろう」「学資援助を予算化すべきだ」などと、税金を無駄づかいする方向に話が向かい、結果として天下り団体がいくつもできるだけになってしまう。それでは、高齢者の再就職支援へと発展していかない。

高齢者の再就職を促進するために、高齢者への就業支援金制度や高齢者雇用による企業への補助金制度を創設するのも、絶対にやめていただきたい。

高齢者の再就職に対する最も効果的な公的支援は、規制を緩和して、高齢者の再就職市場における競争力を高めることである。最低賃金、労働時間、雇用条件、人材派遣、人材紹介など、労働環境や雇用に関してはさまざまな規制があるが、それらの規制はすべて第1ハーフ向けにつくられている。それゆえ、第2ハーフの高齢者は再就職先が見つからず、身動きがとれなくなっているのだ。高齢者はそれらの規制の対象から除外するのがいいと思う。

たとえば、最低賃金以下でも、高齢者なら雇っていいことにする。そうした施策は制度を変えれば済む話なので、税金はほとんど使わないで済むし、企業は高齢者を雇うことにメリットを感じるようになるはずだ。そうなれば、高齢者の再就職市場は格段に活性化されるだろう。

ジム通いは「手段」であって「目的」ではない

歩く、走る、重い物を持ち上げる、長時間立ち続けるなど、人間の体のあらゆる機能は20代をピークに衰えはじめるという。したがって30代以降は、スポーツ選手でなくても何らかの運動をして、体力を維持する必要がある。

筋力や持久力、敏捷性《びんしょうせい》など体の外側の動きを維持するための「行動体力」だけでなく、体温調節や病気に対する免疫力、ストレスなど体の内側の機能を維持するための「防衛体力」も、加齢により衰える。体の内側を自分で動かして鍛えることは難しいが、一般に行動体力を高めると防衛体力も向上するといわれているので、運動をして行動体力を鍛えれば、おのずと健康は保てるということだ。

しかし、健康のために運動を続けるのは、努力と根気が必要だ。外回りの営業職などのビジネスマンなら毎日長い距離を歩くこともあるだろう。だが、人事・総務関係やIT関係など、デスクワークが中心のビジネスマンは机に座っている時間が長くなり、どうしても運動不足になりがちだ。そうした人は始業前や終業後、休日などに、意識して運動する機会を設ける必要がある。

定年退職で仕事をやめたあとは、退職前以上に運動を心がけたほうがいい。毎日会社に通勤することもなくなり、１日の運動量がガクンと落ちてしまうことが多いからだ。その点、定年後も仕事を続けていると外出が多くなり、運動量も増えるだろう。仕事をしている以上、そう頻繁には休めないので、健康維持にも気をつかうようになる。高齢者にとって、仕事は最高の健康法といえる。

世界的にも先進国では高齢化の傾向が見られ、それを受けて２０００年に世界保健機関（ＷＨＯ）が「健康寿命」を提唱した。これは生まれてから死ぬまでの期間を指す「寿命」ではなく、健康に生活できる期間のことである。人間にとって、死ぬ年齢よりも、継続的な通院や入院、介護などに依存しないで、健康に日常生活を送れる年齢のほうが重要だというのだ。健康寿命はそのことを端的に示した指標と考えていい。

内閣府が発表したデータによると、日本人の２０１６年の平均寿命は男性が80・98歳、女性が87・14歳。一方、健康寿命は男性が72・14歳、女性が74・79歳となっている。平均寿命と健康寿命のあいだに、男性は８・84歳、女性は12・35歳の差があるが、要するにこの9年または12年のあいだ、高齢者には医療や介護が必要となるということだ。

日本の医療費の59・3％は65歳以上の高齢者が占め、健康保険の財政を圧迫していると先にも述べた。医療のほかに年金や福祉などが含まれる社会保障給付費は毎年過去最高を記録し続け、2017年度は120・4兆円にまでふくれ上がった（予算ベース）。

このままでは国家財政はいずれ社会保障に食いつぶされてしまう。国民の健康寿命を延ばすことは、国にとっても喫緊の課題となっており、平成28年版厚生労働白書によれば、国は2025年までに健康寿命を2歳以上延ばすという目標を掲げている。高齢者1人ひとりの健康寿命が延びれば、医療費の圧縮につながるというわけだ。高齢者にとっては、自分が元気に仕事をするためにも健康維持は大切だが、日本のためにも努力する必要があるといえるだろう。

高齢者が〝健康のために何か運動をしよう〟と考えたとき、よく候補に挙がるのがスポーツジム通いだ。最近ではたいていのスポーツジムで高齢者向けの割引プランを用意している。

実は私も、スポーツジムには何度も入会したことがある。しかし、それで運動習慣は身につかなかった。

最初に入会したのは、六本木にある有名なスポーツジムだった。映画俳優なども通っているジムで、けっこうな金額の入会金を支払った覚えがある。はじめの1カ月ほどはきちんと通って、トレーニングをしたりプールに入ったりしたが、そのうちどうにもつまらなくなって通うのをやめた。大金を支払って得たのは、男性映画俳優の裸をたくさん見られたことくらいだろうか。

その後も家の近くや沿線の駅の近くに新しいスポーツジムができるたび、「今度こそ」と気持ちを奮い立たせて入会し、入会しては行かなくなるのを、かれこれ10回以上繰り返した。スポーツジムに入会したくらいでは強制力にならない。結局は本人のやる気がなければ続かないのだ。入会金や会費をずいぶん無駄にしたと思う。

健康のために運動は大切だが、スポーツジムに入会すれば運動するようになるわけではない。私のように強制されないと運動しない人は、スポーツジムなどすぐに行かなくなるだろう。だから私は前著で「高齢者にジムはおすすめしない」と書いた。すると読者の方から「私はジムに通っているおかげで健康です」という手紙が届いた。

もちろんそういう人もいる。ただ、その方のようにスポーツジムにきちんと通える人は、ジムに入会しなかったとしても、自主的にウォーキングやランニングを続けられる人なのだと思う。その方にとってスポーツジム通いは運動するための手段なのだ。しかしあくまでも〝手段〟の1つに過ぎない。本来の目的は、スポーツジムに通えるようになることではなく、体を鍛えて健康を維持することだ。

健康を維持するための運動なら、スポーツジムに通わなくてもできる。1駅、2駅ほど電車に乗らずに歩くとか、エレベーターを使わずに階段を上り下りするとか、気軽に体を動かす手段は無料でいくらでもあるのだ。第2ハーフでは、無料でもできることにお金を支払うのはやめるべきだ。

スポーツジムに支払うお金があるのなら、毎日の仕事帰りに1駅手前で降りて、道すがら本を買ったりしてはどうだろう。

「健康にいい」に惑わされるな

年齢を重ねると、だんだん体を動かすのが億劫《おっくう》になってくる。本来は運動をして健康を維持すればいいのだが、もっと手軽に、体に必要な成分を飲むだけで健康になりたいと思う人は多いのだろう。世の中は健康食品やサプリメントであふれかえっている。しじみエキス、すっぽんエキス、青汁、コンドロイチン、グルコサミン……テレビで健康食品やサプリメントのコマーシャルを見ない日はない。

ヘルスケア領域のマーケティング会社アンテリオが２０１７年に発表した「生活健康基礎調査」によると、30代以上の男性は３割以上が「健康食品やサプリメントを利用している」という。60代は42・１％で、10年前の29・２％と比較してかなり増加している。さらに利用者に頻度を聞いた質問では、「ほとんど毎日」と答えた人が60代では80・２％に上った。１カ月当たりの支出金額も60代が最も高く、平均で４４２２円となっている。毎月約４５００円ということは年間で約５万４０００円となる。

そのお金でうまい酒でも飲んだらどうかといまの私は思うのだが、実は私も10年ほど前までは、健康食品やサプリメントに毎月２万円ほどかけていた。第２ハーフに入った頃から、健康維持の助けになるならと思い、多くの健康食品やサプリメントを飲んでいたのだ。その習慣は10年ほど続いた。しかしあるとき医者の友人に、「ああいったものはまったく効果がないですよ」といわれて、思い切ってやめてみた。結果、体調には何の変化もなかった。

健康食品やサプリメントを飲み続けていた頃は、たとえば足が痛くても「このサプリメントを飲んでいるからこの程度の痛みで済んでいるのだ」と考えていた。そうした〝気休め〟として飲んでいる分にはいいと思う。

健康食品には分類があり、「特定保健用食品（トクホ）」などの「保健機能食品」と、サプリメントやゼリー飲料のような「栄養機能食品」などの「その他健康食品」がある。「保健機能食品」は国の制度に基づいて機能性（効果）を表示してあるが、「その他健康食品」は機能性を表示できない。そのため、サプリメントなどは「○○という健康成分がとれる」というような遠回しな表示となっている。

おわかりだろうが、いずれにしろ「食品」であって「医薬品」ではないのだ。消費者庁のパンフレット「健康食品Q＆A」にも、「医薬品との誤認を避けるため、食品に『治る』など医薬品的な効果を表示することはできない」と書いてある。さらにパンフレットには「医薬品のように病気を治す効果を謳っているような製品のなかには、医薬品成分が違法に入っていることがあります。食品とは思えないほど効果が強い製品には、注意しましょう」という注意喚起まで添えられているのだ。つまり、飲んで明らかに効果が実感できるほど強い成分が入っている健康食品やサプリメントは存在しないのである。

ほとんどの健康食品やサプリメントが、効果を誇大に広告している。私は飲むのをやめても、体調は良くも悪くもならなかった。毒にも薬にもならないことを身をもって証明したともいえるだろう。

健康に必要な栄養は、食事でとればいい。野菜や肉、魚は非常に多くの栄養素を含んでいる。健康食品やサプリメントにコストをかけるくらいなら、さまざまな食べ物を組み合わせて健康的な食生活を実現することに意識を向けるほうがいい。

医者の友人は「サメの軟骨を飲んだからといって、それが人間の軟骨になるわけがない」ともいっていた。貝でも亀でもカニの殻でも、体の不調に効かない理屈は同じだ。本当に体調が悪いのであれば、医者に相談して、医薬品を処方してもらうべきである。

どんなに健康維持に努めても、人間は病気にかかるときはかかってしまう。もちろん生まれつき病気になりにくい人はいるだろうが、一生で一度も病気にならない人はほぼいない。骨や皮膚、内臓、眼、脳、神経、血管……人間の体は無数の部品が組み合わさってできているのだから、精密機械とほぼ同じと思っていい。すべての部品は年を経れば劣化するし、部品が1つでもおかしくなれば全体に影響が出る。調子が悪くなれば、機械と同じように修理（治療）しなければならない。そして、何より重要なのは、日頃からメンテナンスを欠かさないことだ。

高齢者になっても、会社で働いていれば会社負担で事業者健診を受けなければならない。

また国民健康保険の人も、各地方自治体が実施している一般健診や生活習慣病予防健診、40~74歳の人が受けられる特定健診などを受診できる。

75歳以上は国民健康保険ではなく、後期高齢者医療制度の対象となるが、それはそれで後期高齢者健診がある。自治体によって特定健診と一緒に、あるいは別におこなわれ、検査項目や自己負担の金額もさまざまだが、たいていは1000円未満で済むようだ。墨田区や新宿区のように無料で受診できる自治体もある。とくに気になる検査項目については、こうした健診のときに自費で追加してもいい。ちなみに、すでに述べた通り、私は36歳からずっと、年に2回、必ず人間ドックに入っている。

健診以外でも、少しでも体の不調を感じたら、すぐに病院へ行って医者に診てもらうことだ。病気に対しては常に先手必勝の姿勢が大切だ。異変を感じたら早めに治療を受け、その後もこまめに診察を受け、徹底的に再発を防ぐのだ。

病気に対処するのは、一種の危機管理だと思ってほしい。時間がないからと病院へ行くのを先送りにする人がいるが、病気を放置しておいて悪化し、入院するようなことにでもなれば、より多くの時間とお金がかかる。健康管理も企業経営と同じで、常に現状をチェックして異変を早く見つけ出し、問題が小さいうちに先手必勝で措置を講じて、解決したら再発の防止と予防に努めることが重要だ。

人生後半に「やってほしい」こと

ここまで「やってはいけないこと」という視点から、定年後の暮らしにおいて留意していただきたい事柄をまとめてきた。本章の締めくくりとなるこの項では、定年後の生活で「やってほしいこと」を紹介しようと思う。「やってはいけないこと」の裏返しになっている事柄も多いが、定年後の生活のイメージをより具体的にするため、と捉えておつきあいいただきたい。

○健康管理を心がける

精神面と肉体面がある。肉体面では調子が悪いと思ったら早めに受診し治療することが大切だ。また、仕事を通じて社会の役に立っていると実感することで精神的に健康でいられ、家庭円満にもつながる。

○社会との接点を持つ

定年後、仕事もせず家に引きこもるのは最もよくない。とはいえいきなり地域活動をはじめるのがハードルが高ければ、やはり仕事をするのがいちばんいい。

○家族との接点を持つ

家族、とくに子どもには迷惑をかけないことが大切だ。子どもが独立したらできるだけ離れて暮らす。気持ちの上では親密であっても、互いに独立した存在として暮らすほうがいい。

○服装

高齢者になってもお洒落をする気持ちは大切だ。ただし流行を追うほどのお金はないから安物でいいというのは間違っている。高級品である必要はないが、いいものを少しだけ所有し、大切に着るという姿勢は、精神的にも気持ちいいものだ。

○身だしなみ

誰とも会わないからといって身だしなみに気をつかわないのはいけない。髪の毛や髭、爪はきちんと手入れし、古くてもいいから清潔な服を身につける。第１ハーフでは当たり前のマナーとしてやってきたことを、第２ハーフでも続ければいい。

○クルマ

できれば手離す方向で考えたいが、生活上の必要や、たまには気晴らしに運転したいこともあるだろう。そんなときは小さなクルマでゆっくりとした運転を心がけよう。ただし、なるべく近距離にとどめたほうがいい。

○読書

もうビジネス書は読まなくていい。歴史物でも文学でも、興味のおもむくまま読みたいものを自由に読もう。新しく買う必要はない。家には買ったきり読んでない本もあるだろうし、図書館に行けば一生かかっても読み切れないほどの本をタダで読める。

○お酒

百薬の長をやめる必要はない。健康を考えると適量をたしなむ程度にするのがいちばんだが、歳をとると自然に酒量は減るのであまり心配しなくていい。たまには気の合う友人と酒を酌み交わすのも楽しみの1つとして残しておきたい。

○規則正しい生活

仕事をしていれば自然と実現できることだが、仕事をしていなくても、生活リズムを整えることは心と体の健康につながる。

○生活管理

社長や重役クラスだった人ほど、電車に乗るとかATMでお金を下ろすといったことさえできないことが多い。税金の支払いや貯金の管理などできることは自分ですることが、人としての自立につながる。

○家事

掃除、洗濯、料理など、身のまわりのことができるようにしよう。配偶者に先立たれても１人でやっていけるようになるのは、円満な夫婦関係のためにも重要だ。

○ゴロ寝、テレビ

定年後のお金のかからない楽しみとして、ゴロ寝とテレビは最高だ。ただし毎日それだけで過ごすのはよくない。普段は仕事をし、ゴロ寝は休日に体を休めるためのものと考えよう。

○散歩

これもまたお金のかからない楽しみとしては最高のものだ。目的地を決めて歩いてもいいが、目的のない散歩も楽しい。おまけに健康にもいい。いい靴といい運動着を揃えることもおすすめしたい。

○貯金

日頃から慎ましい生活を心がけていれば、よけいなお金は必要ないので、余ったら貯めておけばいい。大金を貯める必要はないが、いざというときのための備えは大切だ。

○焦らない、おそれない、あきらめない

仕事が見つからないと嘆くことはない。仕事探しは高齢者でなくても難しいもの。そんなときは仕事探しも仕事の1つと考え、楽しんでしまえばいい。焦らず、おそれず、あきらめず、笑顔でやる。これは私の会社のモットーでもある。

お金だけではない、働くことの意味

82歳の私は、今日も現役のビジネスマンとして働いている。

朝、5時頃に目覚めると、妻はまだ眠っているが、私は1人で起き出して勝手にパンと牛乳の朝食を済ませる。足腰に自信がないので、必ず座って通勤したい。すると6時半に出勤しなければならず、7時半には会社に着く。会社まで到達すれば、私はもうそれだけで「やったぜ」と大きな達成感が得られる。

日中は精力的に仕事をこなし、早朝出社のため早めに仕事を終える。午後3時か4時には会社を出て、すいている電車で帰宅。途中で一杯ひっかけることもあるが、まっすぐに帰ることが多い。そして家に着けば、「今日も一日、元気よく働き、何事もなく帰宅できたぞ」と、朝と同様に大きな達成感を覚える。毎日毎日、そうした朝晩の達成感を味わいたいがために生きているといっても過言ではない。あとはのんびりテレビでも見ながら晩酌を楽しみ、9時頃には寝てしまう。

通勤時は必ず自分の足で歩く。家でゴロゴロしているよりははるかに健康的であることは明らかだ。仕事で頭脳を使うので、この年齢にしてはまだまだ頭もクリアだと自負している。定年後も休まず働いているからこそ、生活にリズムが生まれ、心身ともによい刺激を受けて元気でいることができる。働き続けることは、健康の面でも素晴らしい恩恵を与えてくれると実感している。

私はこの本で、「一生働く」ことを推奨してきた。さらにいえば、高齢者が幸福に暮らすために最も大切な要件は、「働く」こと以外に存在しないとさえ思っている。

とはいえ、第1ハーフをあまりにも全力で駆け抜けてきたため、働くことに疲れてしまった人もいるだろう。本書を読んで「自分は定年を迎えてからまったく働いていない」と引け目に感じる人もいるかもしれない。

いま第1ハーフにいる人からも、絶望に近い声を聞くことがある。たとえば40代前半の知人男性は「一刻も早く仕事をやめて隠居したい」といつも口にしている。先日も「定年後も働かなければいけないなんて、想像しただけでゲンナリする」と泣き言を並べていた。

同じように感じている人はきっと多いことと思う。

それでは、なぜ働くのか。

お金のため、健康のため、と理由はいろいろあるが、最も重要なのは、人間は他人や社会の役に立つことで幸せを感じる生き物だということだ。

第1ハーフは会社で上司からあれこれ命じられ、家に帰れば子育てや家族サービスが待っている。家のローンを払い終えなければならないし、人間関係を円滑にするため冠婚葬祭への出席も避けられない。つまり「やらなければならないこと」が多すぎる。

しかし第2ハーフでは、厳しい出世競争はすでに終わり、子どもも巣立っているので、家庭や会社への責任が軽くなる。自分がやりたいことだけをやっていればいい。ということは、ただでさえ働くことが楽しくなるはずだ。

言い換えれば、第2ハーフは誰かの役に立つという幸せだけを追求して働けるということだ。社会に貢献しながら、自分自身も楽しんで働き、「働く」本来の意味も第1ハーフ以上に実感できる。それこそが第2ハーフで働く最大のメリットだ。

「働く」には、

・傍（はた）を楽（らく）にする

・傍（はた）を楽（たの）しませる

という意味がある。周囲の人を楽にしたり楽しませたりするのが「働く」ということだ。私は学生の頃、「働く」ことの定義をそのように教わった。それはいまの時代も変わっていない。世の中に貢献しているということが、生きる喜びにもつながっていく。

トイレ掃除や交通誘導はもちろん、どんな仕事も人の役に立っている。第1ハーフの趣味や特技を活かした少年野球のコーチ、絵画や音楽の指導のように、金銭の対価を得ないボランティアでもいい。とにかく人を楽にし、楽しませるものであれば、本来の「働く」意味にかなっている。傍を楽にするために、傍を楽しませるために、人は、働ける状態であるのなら働き続けなければならない。第2ハーフは面倒な物事にとらわれず、誰かのために働けるのだから、第1ハーフよりむしろ幸せになれる理由が多いと私は思う。

それでも、定年を迎えたあとも引き続き働かなければならないことに、幻滅を感じる人はいるに違いない。

その人に対して、私はいいたい。人間は社会のなかで生きている。社会のなかで生きるということは、社会のために働くということだ。社会に貢献する仕事をしなければ、人間は社会の一員にはなれない。

逆にいえば、何かしらの仕事を持ち、誰かのために働いているのであれば、社会の役に立っていない人間など存在しないのである。

「高齢者は不幸」は間違った思い込み

第1章で述べた出版業界の〝定年後ブーム〟を見てもわかるように、「高齢者は不幸だ」というイメージが社会に蔓延《まんえん》している。老後に対して必要以上に不安を感じる人も多い。果たしてそれは正しい認識なのだろうか。

もちろん、間違っている。高齢者は長い人生を通して豊富な知識と体験を得ているので、新しく遭遇するさまざまな場面を若い人以上に楽しめる。健康への不安はあるし、お金の不安もあるだろうが、だからこそ私は「働く」ことを推奨しているのだ。前項で述べたように、傍を楽にする仕事であれば、どんな仕事であっても社会の役に立っている。そこでやりがいや幸福感を感じることができ、さらに収入も得られるのであれば、こんなに素晴らしいことはない。

つまり、「高齢者は不幸」なのではなく、「『高齢者は不幸』だと思い込むことが不幸」なのだ。

高齢者の幸せは「お金」ではなく、「社会とのつながり」から得られる。高齢になれば、飲食にも若い頃ほどの量は必要ない。すると必然的にかかるお金も少なくなる。私は毎日出勤しているが、お昼の弁当やサンドイッチは500円程度で買えるから財布の負担にはならない。一杯ひっかけるとしても2000円程度だ。「お金がないから」とマイナスの意識で切り詰めるのではなく、楽しみながら結果的に切り詰められるので、心に負担を感じない。

だからお金はそれほど問題にならない。働くことで手足を動かし、メリハリやリズム感のある生活を心がければ健康でいられるから、医療費の心配もせずに済む。私もがんや脳梗塞を患っているが、病気はいつ何時襲ってくるかわからない。もちろん覚悟はしているものの、日々心配しながら暮らしていても仕方がない。若くても病気になるし、事故にも遭う。

高齢者が不幸になるとすれば、その原因は働くことをやめてしまうからだ。「自分は誰からも必要とされていない」と疎外感を覚えてしまったら、確かに不幸になるだろう。

高齢者にとって大切なのは、社会との接点を持ち続けることだ。だからこそ働くことが重要なのである。働いていれば、社会から孤立することなどあり得ない。そして社会との接点を持つことにより、心も刺激を受ける。誰かの役に立つことができたり、楽しんでもらえたりしたなら、それは自分の心にも喜びとして返ってくる。

もちろん高齢になると能力が落ちていくことは事実だ。ただ、それは「高齢者には能力がない」という意味ではない。正確にいえば、若い頃の自分といまの自分を比べてみたら、能力が落ちたところもある、というだけのことである。

足腰は間違いなく弱る。私も自信がない。同様に、老眼が進んで読書に苦痛を感じることもあるだろう。高齢者は皆、必ずどこかが悪い。すると、いままでできていたことができなくなる。しかしそれは、第２ハーフの生活において必ずしも障害とはならない。あくまで、若い頃の自分と比べてできないことが増えたというだけだ。それは逆の見方をすれば、いままではできなかった新しい体験ができるということでもある。

足腰が弱ったのなら、その状態でどうやって生きていくかを考えればいい。そこから新鮮な体験が生まれる。私も足腰が弱いからといって落ち込むことはないし、不幸だと考えることもない。むしろ、違う世界が見えてきたことを楽しんでいる。すると人生はさらに楽しくなる。

高齢者は、本質的に誰でも幸せになれる。老後は決して、悲しいものでも、虚しいものでもない。どうせ、人はいつか必ず死ぬ。それは仕方のないことなのだから、老い先を悲観しても、あまり意味はない。生きられる人はできるだけ長生きすればよい。そして、働き続ければよいのだ。働けば、働かないよりもはるかに面白い人生が送れることは間違いない。

ただ、若い頃と比べて能力が落ちたことは事実なので、高齢者はやはり高齢者向きの仕事をすべきだ。第1ハーフと違って勝ち負けのない第2ハーフに入ったのだから、自分に向いた、または自分にできる仕事を無理のないペースでやる。それこそが「高齢者は幸福」を実感するコツでもある。

そして、高齢者が「傍楽」（はたらく）ことで、社会ももっと素晴らしくなっていくだろう。

短距離走と思ったら、実は長距離走

現在の日本の社会制度のもとで働く会社員にとって、定年は一般的に「ゴール」であると認識されている。定年というゴールに至るまでの道を懸命に進み、無事に走り終えることができたなら、その後には悠々自適なバラ色の老後が待っている――そうしたビジョンは、１９７０年代あたりまではそれなりに現実感をともなっていたかもしれない。

しかし、社会は大きく変わってしまった。

実際に私のまわりにも、在職中は脇目も振らず仕事に全力投球し、「定年後は生まれ変わって新しい人生を楽しみますよ」といって退職していった人がたくさんいた。

ところが、60歳で実質定年を迎え、入社から定年までの道のりをまるで短距離走のように全力で走り終えても、定年後にはさらに30年、40年という長い時間が待っている。

実際の人生は、決して短距離走のようなハイペースで走りきれるようなものではない。90年、１００年という時間は、周到なペース配分と持久力がなければとても乗り切れない長距離走だ。もちろん、定年はゴールではない。そもそも「定年後の新しい人生」などというものは存在しないし、当然生まれ変わることもない。人生はあくまでひと続きである。そのことを忘れてはならない。

人生が長距離走であることを実感するには、定年をゴールと考えて「定年前の人生」「定年後の人生」と区切るのではなく、人生全体を１つのコースのように捉えて、「第１ハーフ」「第２ハーフ」という視点で区切ってみるとわかりやすいだろう。

マラソンにはスタートがあってゴールがあり、その間の42・１９５キロを走り抜くものと決まっている。しかしながら、42・195キロを走破する時間は人によって異なる。2時間そこそこでゴールしてしまう人もいれば、4時間、5時間かかってやっと完走できる人もいる。

まさにマラソンは人生の比喩そのものだ。人は生まれてきたら必ず死ぬ。スタートがあってゴールがある。そしてそのあいだを生きる時間は、当然、人によって異なる。残念ながら20年でこの世を去ってしまう人もいれば、100歳にまで到達する人もいる。

ただ、忘れてはいけないのは、マラソンには折り返し地点があるということだ。物理的にパイロンが設置され、進行方向を180度転換するポイントがないレースでも、42・195キロの中間点は必ず存在する。マラソンを走る場合、ペース配分の問題もあるので、中間点は否応なしに意識しなければならない。そして中間点はゴールではない。人生に当てはめて考えれば、中間点の前が第1ハーフ、後ろが第2ハーフである。

マラソンは42・195キロを走りきってはじめて成り立つスポーツだ。第1ハーフは第2ハーフにつながるものであり、第2ハーフは第1ハーフがなければ存在し得ない。つまり、第1ハーフ・第2ハーフを含めて1つのマラソンである。

人生も同じだ。定年後にまったく新しい人生がはじまるわけではない。にもかかわらず、日本人に染みついた「定年前の人生」「定年後の人生」という捉え方のせいで、第１ハーフを全力疾走すれば第２ハーフは走らなくてもいいかのような幻想が広まってしまった。いま一生懸命働けば、老後は働かず、楽に過ごせる。そんな未来像は、ただの幻想に過ぎない。

「ゴールしてしまえば楽になると思っていたのに、ここからさらに走り続けなければならないなんて」――現実を知り、呆然とする人は多い。そう、あなたは幻想を見せられ、だまされていたのだ。

人生はそもそもが長距離走であり、第１ハーフの生き方が第２ハーフの生き方に大きく影響する。第１ハーフを一生懸命走らなければならないことに変わりはないが、それはあくまでも第２ハーフを前提としたものでなければならない。可能であれば20代、30代のあいだに、それが無理でもせめて40代半ば頃までにはこの幻想に気づき、第１ハーフを終えて中間点を抜けたあとには休む間もなく第２ハーフが続くことを頭に入れておいてほしい。

第１章で述べたように、目安としては45歳までを第１ハーフと考え、会社や家庭、社会への責任をしっかりと果たしつつ「守り」の姿勢で働き、第２ハーフに向けた人生設計を考える。そのうえで能力を磨き、知識を蓄え、経験を積んで、第２ハーフへの準備をしておく。そして第2ハーフは、第1ハーフで身につけたものをベースとして、しかしそれのみにとらわれず、「攻め」の姿勢で好きな仕事に打ち込むべきだ。

マラソンも、前半で全力疾走し、きついから、バテたからと途中で立ち止まってしまったら、再び走り出すのは厳しい。マラソンと同じく人生には第2ハーフがある。その第2ハーフは、第1ハーフよりも明らかに楽しい。第1ハーフでの入念な準備と人生設計が、第2ハーフの人生をより素晴らしいものにする。

本当は「定年後」なんてない!?

ここで改めて考えていただきたい。「定年」とは何だろうか。

「定年」とは社会がつくった便宜上の区切りである。端的には、雇用者側が、その会社で働ける年限を示した規定に過ぎない。要するに、会社の都合にもとづいてつくられた制度ということだ。「定年」の名のもとに会社を追い出された人が、その後どうなるかということは、会社も、社会も、(年金という制度上の手当を除けば)基本的に配慮しない。

そして会社を退職する本人も、残念ながら定年の意味についてはほとんど考えていない。「定年に達したら、もう働かなくていいのだろうな」くらいの認識である。

しかし、本書でこれまで説明してきたように、現実はそうではない。定年前に蓄えた財産を切り崩しつつ、年金だけで暮らしていけるほど、これからの日本社会は甘くない。「定年後は悠々自適に暮らすよ」と、かつて会社の先輩はいっていた。そうした「定年後」が実在した時代も確かに昔はあった。でも、現在の日本ではもはや成立しない生き方である。我々は、「定年後」も働かなければならないのだ。

真の「定年」は、働くことをやめる年齢ではない。人生の終わりのことだ。死を迎え、極楽（天国）に行くときこそが、本当の「定年」である。

現在、制度上の定年前後にいる50～70代の多くは、現役を引退してからの「老後」を年金など国の制度に頼って生きるものと考えている。制度に頼っていれば安定した老後が送れると信じ込んでいる。自分の人生であるにもかかわらず、その姿勢は受動的だ。第２ハーフをどう生きるかについて、自分から能動的に考える意識がない。受動的な人生など、果たして人生と呼べるのだろうか。

能動的な心構えなしに定年を迎えると、その後の人生が決してバラ色ではないことを肌で実感するだろう。そのときになって「なんだ、話が違うじゃないか」と叫んでも、時すでに遅しである。

制度としての定年は「いままでご苦労さま、もう働かなくていいですよ」という感謝の印ではない。会社から放り出すための口実なのである。アメリカでは能力がなければ「明日から会社に来なくていい」と即座にクビを切られるが、日本は大きな問題を起こさない限りクビにはならない。代わりに、定年制度が「あなたはもう不要です」といい渡す。

日本の定年制度は、見方を変えるなら、自分の能力が次第に落ちていき、やがて会社から必要とされなくなるという現実に気づけるチャンスなのだ。定年は時期が決まっているので、定年後の人生に向けた準備をはじめる際の指標にもなる。その意味では、現行の定年制度にもいいところはあるといえる。

ただ、それをいうなら、前にも述べたように定年の時期はもっと早めていいと思う。そのほうが第2ハーフの人生設計をより描きやすくなるからだ。さらに本質的な指摘をすると、会社の都合で社員の追放時期を決めるような制度はなくすべきだろう。私の会社には定年がなく、70代の社員もいる。今後、我が社のように定年制度を設けない会社も増えていくことを期待している。

なお、外国にも日本の定年に似たものはあるが、悠々自適で老後を過ごせるのは大金持ちか、役人や軍人など潤沢な年金が支給される一部の人たちのみだ。大多数は死ぬまで働いている。自分の年齢や能力を冷静に見極めながら、働き方を変えたりしながら、できるだけ仕事を続ける。日本もようやく、そういう時代になりつつある。「社会に生きる人間は、働き続けなければならない」という本来の姿に、いま日本は戻っていく途上にある。

いくつになっても、自分で舵を取り続ける

ここまで、第２ハーフを楽しく幸せに生きていくための指針を述べてきた。最後に、もう１つ大切なことを書いておきたい。それは、何歳になっても、自分の人生という船の舵を、自分自身で取り続けることだ。

繰り返しになるが、自分の身のまわりのことは何でも自分でこなしてほしい。そのためにも、第１ハーフのうちから自分に関わる物事を他人に任せないクセをつけておくべきだ。少なくとも「何でも自分でやろう」という意識を持つこと。これは極めて大切だ。

「何でも」とは、仕事のことだけでなく、家事やその他の雑事にも当てはまる。私は単身赴任が長かったため、たいていのことは自分でできる。皿を洗ったり、洗濯物をたたんだりも全部自分で済ませる。

要は、自分以外の何かに依存しないことである。依存してしまうと、自分の人生の舵を、

自分で取ることなどできない。

当然、子どもの世話になるのもいけない。現在は核家族化し、子どもが家庭を持ったら同居しない時代である。自分の体が動かなくなったときだけ世話をしてくれというのでは、明らかに都合がよすぎる。すでに指摘したように、子どもは親の犠牲になってはいけない。むしろ親が子どもの犠牲になるべきだ。これが自然の法則である。

同様に、社会のシステムに依存するのもよくない。年金制度は若者——すなわち子どもや孫の世代からの搾取で成り立っているのだから、頼りにするのは間違っている。少子高齢化が加速していく日本では、今後、若者の負担がますます重くなっていく。いまの40代が定年を迎える頃には、年金をはじめとするさまざまなシステムが成り立たなくなるだろう。そのとき社会制度を頼りにしている高齢者は、果たしてどうやって生きていくのだろうか。

だからこそ、高齢者は若者や社会に迷惑をかけず、可能な限り自分の力で生きていかなければいけない。「年寄りを大事にしろ」ではなく、むしろ高齢者のほうから大事にされる努力をすべきだ。その努力の1つとして、何歳になっても誰かのためになる仕事を続け、自分のことは自分でする。この意識を強く持って第2ハーフに臨んでほしい。

　自分で舵を取り続けるには、いうまでもなく体調管理も重要だ。働くことはほかの誰かを楽にするだけでなく、健康を維持する――つまりは自分自身を楽にすることにもつながる。もちろん人間は、いかに健康に気を配っていても、ときには病気になってしまう。私自身もさまざまな病気を患った。運悪く事故に遭い、命を落とす人も多い。大病や事故で介護を受ける身になってしまうことも当然ある。それはこの世に生きている以上、コントロールできないことだと受け入れるしかない。とはいえ、それは舵取りを誰かに委ねることとは違うので、勘違いしてはならない。

　自分の人生は、自分自身が主導権を握ってこそ楽しくなる。他人に頼らず、制度に甘えず、自分の面倒を自分でみながら、できるだけ長く働き続ける。どんなシチュエーションであっても自分で考え、自分から行動を起こして生きていく。

　そうした姿勢さえ忘れなければ、あなたの第２ハーフ、いや、あなたの生涯は、きっと幸多きものになるだろう。

おわりに

この本は、「働くこと」がテーマです。

私共の日本国は、職業選択の自由を憲法で謳っており、強制労働はありません。国民はすべて、自分で、自由に仕事を選ぶことができます。つまり、働くことの中身は自分で選択できるのです。

もちろんすべての人が好きなことを好きなだけ働いて、楽に暮らしていけるほど日本国は豊かではないでしょう。ただ、世界には、日本より貧しい、不自由な国は、たくさんあります。日本で生まれ、日本で暮らしていることは幸せです。これを一層永続させ、さらに幸せを増していきたい願いでこの本を書きました。


世の中には、楽しいことや美しいものがたくさんあります。旅行、観劇、スポーツ、食事やファッション、音楽、絵画、建築、文学など、わくわくするような喜びや、生涯残る感動を与えてくれる多くのもののなかに、私たちは暮らしています。

そのような文明の利器、文化の産物は、多くの人々の仕事によってつくられ、維持されています。その仕事をすることを、私たちは「働く」と総称しています。

しかし「働くこと」は、楽しいことや美しいものと、表面上直接の関係はほとんどありません。それは、楽しいことや美しいものが立派な建造物だとすれば、「働くこと」はその基礎工事のようなものだからです。

人を感動させる偉大な建造物も、基礎工事、つまり地ならしや排水などがしっかりしていないと、不安定で危険なものになってしまいます。基礎工事は表には出ませんし、それだけ見ると、醜い、無粋なものです。

この本は、「働くこと」つまりその基礎工事がテーマですから、楽しい話題も美しい景色も出てきません。

それでもこの本を読んでいただきたい理由は、その基礎工事を正しく理解していないと、楽しいこと、美しいものが損なわれ、人生を楽しむことも人を喜ばせることもできにくくなってしまうからです。

私たちが働く環境は、いま大きく変化しつつあります。いや、変化してしまった、ともいえるかもしれません。

基礎工事の内容や中身が変わってしまったのに、それに気づかず、その上に建物を造ったり、まわりを車で走りまわったりすれば、陥没して転落しかねません。

働くことは、人生の基礎工事でもあり、社会の基礎工事でもあります。その働く環境の変化と、それに対応する処方箋の1つとして、いささか楽しくもない、美しくもない物語を、この1冊にまとめました。これは私の体験の基づく真実でもあります。

もっとも、私はもとより本を書く専門家ではありませんし、年寄りは本など書いてはいけないと主張しているくらいですから、この本にもおかしなところや、お気に召さないところがあるかもしれません。また、とくに高齢者の場合、人によって置かれている状況はさまざまなため、例外もあることをご了承ください。

1人ひとりの人生の、そしてみなさまの社会の基礎工事である働き方の実態を正しく理解することは、自分が幸せになり、まわりの人たちを幸せにするために大切なことだと思います。

この本がそのために、少しでもお役に立ちましたら、望外の幸せです。

最後に、ご協力いただきました青春出版社の深沢様並びにチームTOGENUKIのみなさまに、心より御礼申し上げます。

郡山史郎

青春新書
INTELLIGENCE

こころ涌き立つ「知」の冒険

いまを生きる

〝青春新書〟は昭和三一年に──若い日に常にあなたの心の友として、その糧となり実になる多様な知恵が、生きる指標として勇気と力になり、すぐに役立つ──をモットーに創刊された。

そして昭和三八年、新しい時代の気運の中で、新書〝プレイブックス〟にその役目のバトンを渡した。「人生を自由自在に活動《プレイ》する」のキャッチコピーのもと──すべてのうっ積を吹きとばし、自由闊達な活動力を培養し、勇気と自信を生み出す最も楽しいシリーズ──となった。

いまや、私たちはバブル経済崩壊後の混沌とした価値観のただ中にいる。その価値観は常に未曾有の変貌を見せ、社会は少子高齢化し、地球規模の環境問題等は解決の兆しを見せない。私たちはあらゆる不安と懐疑に対峙している。

本シリーズ〝青春新書インテリジェンス〟はまさに、この時代の欲求によってプレイブックスから分化・刊行された。それは即ち、「心の中に自らの青春の輝きを失わない旺盛な知力、活力への欲求」に他ならない。応えるべきキャッチコピーは「こころ涌き立つ〝知〟の冒険」である。

予測のつかない時代にあって、一人ひとりの足元を照らし出すシリーズでありたいと願う。青春出版社は本年創業五〇周年を迎えた。これはひとえに長年に亘る多くの読者の熱いご支持の賜物である。社員一同深く感謝し、より一層世の中に希望と勇気の明るい光を放つ書籍を出版すべく、鋭意志すものである。

平成一七年

刊行者　小澤源太郎

著者紹介

郡山史郎〈こおりやま しろう〉

1935年生まれ。株式会社CEAFOM代表取締役社長。
一橋大学経済学部卒業後、伊藤忠商事を経て、1959年ソニー入社。73年米国のシンガー社に転職後、81年ソニーに再入社、85年取締役、90年常務取締役、95年ソニーPCL社長、2000年同社会長、02年ソニー顧問を歴任。04年、プロ経営幹部の派遣・紹介をおこなう株式会社CEAFOMを設立し、代表取締役に就任。人材紹介のプロとして、これまでに3000人以上の転職・再就職をサポート。著書に『九十歳まで働く!』（WAC）などがある。

定年前後《ていねんぜんご》の「やってはいけない」 青春新書 INTELLIGENCE

2018年4月15日 第1刷
2018年6月25日 第8刷

著者 郡山《こおりやま》 史郎《しろう》

発行者 小澤源太郎

責任編集 株式会社プライム涌光
電話 編集部 03(3203)2850

発行所 株式会社青春出版社
東京都新宿区若松町12番1号 〒162-0056
電話 営業部 03(3207)1916 振替番号 00190-7-98602

印刷・中央精版印刷 製本・ナショナル製本

ISBN978-4-413-04538-4